UNTAMED

我，不馴服

U0013065

格倫儂・道爾 Glennon Doyle／著　趙盛慈／譯

suncolor 三采文化

寫給每一位重生的女性。
願女孩們永遠不再被埋藏。
特別獻予緹許。

目錄

推薦序

讓《我，不馴服》，帶你踏上「成為」的旅途

——美國諮商教育與督導博士　留佩萱

受邀寫《我，不馴服》推薦序的當下，我立刻從書架上取出珍藏的《Untamed》——也就是這本書的英文原文版。讀著書頁中我寫下的滿滿筆記，回憶起這本書帶給我的成長與轉變，心中是無限的感動。

二〇二〇年的秋天，我與這本書初次相遇，那也是我第一次接觸作者格倫儂・道爾（Glennon Doyle）的作品。翻開這本書之後，我旋即踏入了一段自我探索的旅程。我非常喜歡作者的文字，深深愛上她誠實、獨特的思考方式，以及她如何用清晰透徹的眼，來看待萬事萬物。也因為這本書，我成為了她的播客節目《我們可以做到困難的事》（*We Can Do Hard Things*）的忠實聽眾，直到今天。聆聽她的談話，能讓我反思與

成長，也成為了我每週最期待的事。

《我，不馴服》並不是一本心理治療書，但卻帶給了我滿滿的療癒。書的一開頭，作者和女兒在動物園觀賞獵豹表演。獵豹塔碧莎被動物園豢養，每天服從指令、追逐掛在車上的破舊玩偶，表演結束後能獲得動物園管理員給的肉排做為獎勵，並接受觀眾的喝采。這個情境不僅讓作者極度不舒服，也讓我不禁反思：我們每個人是如何被這個社會文化給馴服的？我們有多少人就像是獵豹塔碧莎，被訓練成要奮力追逐破舊玩偶，以獲得獎勵的人？然而，我們真的知道自己在追逐什麼嗎？

對我而言，這個破舊玩偶，代表著前人傳遞下來的某些社會價值觀——像是學歷至上（把學歷與成就和一個人的價值畫上等號）、父權主義（教導我們女性和男性應該扮演哪些角色）、身材歧視（灌輸我們某些身體樣貌才是美麗、才是有價值）、白人至上主義（告訴我們白人最優越、其他種族膚色較卑微）、異性戀主義（灌輸我們異性戀才是標準）等等。這些被稱作傳統與文化的信念，已經讓許多人失去自我，被迫放棄真實的自己，去符合這些規範。而現在，我們是否該停下來好好檢視，這些價值觀真的符合你的信念嗎？你想繼續追逐嗎？你還要訓練下一代繼續追逐嗎？

閱讀《我，不馴服》，是一個「成為」（become）的過程，一個走上新的自我的旅程。「成為」真正的自己，我們需要先讓舊的世界破碎，才能重建一個新的世界。作者格倫儂．道爾用這本書帶著我們踏上「成為」這條路——我們可以放掉這些不再適用於現代的社會信念；我們可以回到內心去感受每一種情緒與痛苦；我們可以跟痛苦待在一起，並且讓這些痛苦化作「成為」的養分；我們可以讓自己靜止下來，好好傾聽內心的智慧，並全然信任這些智慧。

我想邀請你，翻開《我，不馴服》這本書，細細品嘗這些文字，讓書中的一字一句進入你的心裡、你的身體裡。接著，讓自己踏上「成為」的旅途，成為一個新的自己。而唯有踏上這段旅程，你才會知道，那個新的自己，會多麼令你驚喜。

楔子
獵豹

直覺告訴我，萬千世界應該比這裡美麗得多。

太太和我前年夏天帶女兒到動物園玩。我們在園區走著走著，看見一面告示牌，上面寫動物園策劃了一場盛大的表演活動：獵豹奔馳秀。我們朝前方想要找好位子觀看的家庭走過去，發現整條馬路都清空了。我們家小女兒艾瑪跳坐到太太肩上，希望看得更清楚。

有一位身穿卡其背心、留著一頭金髮的動物飼育員，活力四射地出現在我們眼前。她的手上拿著大聲公，用繩子牽著一隻金黃色的拉不拉多搜救犬，讓我丈二金剛摸不著頭腦。我不是很了解動物，但要是她想說服我的孩子這隻小狗就是獵豹，那我可要找人退獵豹奔馳秀的票錢了。

她開口說：「歡迎大家！各位即將見到園區裡的獵豹塔碧莎，你們覺得這隻是塔碧莎嗎？」

孩子們大喊：「才不是！」

「這隻可愛溫馴的拉不拉多犬叫做米妮。牠是塔碧莎最要好的朋友，塔碧莎還是獵豹寶寶的時候，就認識米妮了，我們讓米妮和塔碧莎一起長大，馴服塔碧莎。米妮做什麼，塔碧莎都會有樣學樣。」

動物飼育員指一指停在她身後的吉普車。有一隻粉紅色的填充兔娃娃，被一條快磨壞的繩子綁在車屁股上。

她問：「誰家裡有養拉不拉多？」

幾隻小手快速伸向空中。

「誰的拉布拉多愛追著東西跑？」

「我的！」孩子們大喊。

「是的，米妮很愛追這隻小兔子！首先呢，米妮會先表演獵豹奔馳秀給塔碧莎看，讓牠記住該怎麼做。然後我們一起倒數計時，我會打開塔碧莎的籠子讓牠跑。大約一百公尺外就是路的盡頭了，那裡放著一塊美味的牛排，等塔碧莎大快朵頤。」

飼育員揭開塔碧莎的籠子，將焦急喘氣的米妮牽到起跑線，對吉普車打了個暗號。車子往前開動，她鬆開米妮的繩子，大家看見一隻金黃色的拉不拉多犬，開心地追逐一隻髒兮兮的粉紅色小兔子。孩子們用力鼓掌。大人們擦著前額流下的汗珠。

塔碧莎的重要時刻終於要登場了。我們大家一起倒數計時：「五、四、三、二、一……」飼育員打開籠子的滑門，小兔子再次啟程，塔碧莎衝了出去，眼裡完全只有那隻兔子，其他什麼都看不見。不到幾秒鐘，塔碧莎就抵達終點。飼育員吹了聲口哨，把一塊牛排丟給牠。塔碧莎用厚實的前爪把牛排按在地上，在飛揚的塵土間蹲坐下來。觀眾鼓掌喝采，看牠咀嚼牛排。

我沒有拍手，一股噁心感升起。馴化塔碧莎讓我感覺……很熟悉。

看著塔碧莎在塵土飛揚的動物園嚼食牛排，我心想：這隻擁有野性的動物，日復一日，在旁人替牠清空了的狹窄老路上，追逐一隻髒兮兮的粉紅兔子，從不左顧右盼，也從未抓到過那隻該死的小兔子，只滿足於吃一塊商店買來的牛排，接受大汗淋漓的陌生人心不在焉地鼓掌認可。訓練有素的塔碧莎認為自己也是一隻拉不拉多犬，像米妮一樣服從飼育員的每一道指令。這樣的牠並沒有意識到，一旦牠記起了自己的野性——哪怕只是一下子——牠大可把那些飼養牠的人大卸八塊。

等塔碧莎吃完牛排，飼育員把通往一小塊圍籬區的柵門打開，讓塔碧莎走進去，然後關上柵門。飼育員再次拿起大聲公，問大家有沒有問題想要發問。有個九歲左右的小女孩舉起手：「塔碧莎會不會想念野外？牠不難過嗎？」

「抱歉，我沒聽清楚，」飼育員說：「你能再問一次嗎？」

小孩子的媽媽放大音量說：「她想知道塔碧莎會不會想念野外。」

飼育員面帶微笑回答：「不會，塔碧莎在這裡出生，牠不知道這裡跟野外的差別，牠從來沒見過野外的樣子。這樣的生活對牠很好，比起野外，這裡安全多了。」

飼育員開始講解從小關在動物園裡的獵豹有哪些習性。大女兒緹許輕輕推了我一下，用手指塔碧莎。塔碧莎在圍籬區內，米妮和飼育員都不在牠的身邊，牠的姿態改變了。塔碧莎抬高牠的頭，昂首闊步地沿著圍欄邊緣行走，探查圍欄的界限，來來回回。每一次停下來，都會盯著圍籬外的某個地方瞧，彷彿回憶起什麼。牠的樣子很有威嚴，甚至有點嚇人。

緹許小聲對我說：「媽咪，牠恢復野性了。」

我對緹許點點頭，目光停留在昂首闊步的塔碧莎身上。真希望我能問問牠：「此時此刻，你心裡在想些什麼？」

我知道牠會怎麼告訴我。牠會回答：「我的人生缺少某樣東西，我滿心挫折，不得安寧。直覺告訴我，萬千世界應該比這裡美麗得多。我想像著沒有圍籬的廣闊莽原，我想要奔跑，想要捕獵，想要殺戮。我想睡在一片漆黑寧靜的星空底下。一切那麼真實，我真的感受得到。」

然後，牠回頭望向獸籠，牠從小到大的家。牠望向面帶微笑的飼育員、意興闌珊的圍觀者，還有那隻活蹦亂跳、喘著氣、搖尾乞憐的拉不拉多犬好朋友。

牠會嘆口氣，說：「我應該要心存感激，這裡的生活夠好了。我竟然期盼根本不存在的東西，我瘋了。」

我要告訴牠：

塔碧莎，你沒瘋。

你是一隻貨真價實的獵豹。

接下來我想要說的，

是我如何被關進籠子，

以及如何重返自由的故事。

第一部

牢籠

火花

我終於懂得去問自己想要什麼，而不是顧慮這個世界希望我做什麼。

四年前，我和三個孩子的生父還有婚姻關係時，愛上了一個女人。

許久之後，我看見那名女子開車從我家去見我的父母，說她打算向我求婚。她以為我不曉得那個星期天早上發生的事，但我一清二楚。

我聽見她開車回來的聲音，趕快坐進長沙發，打開一本書，試著讓心跳慢下來。她穿過門口直接走向我，彎下身來親吻我的額頭。她跟平常一樣，把我的頭髮撥到旁邊，對著我的頸子深嗅。然後站起身來，身影消失在臥室。我走進廚房替她倒點咖啡。一轉過身，她就站在我的面前，單膝下跪，拿著一只戒指。她睜大眼睛，目光如炬，眼神透出堅定與懇求。那天藍色的瞳眸，深邃無底。

「我等不及了，」她說：「多一分鐘都等不了。」

後來，我們躺在床上，我把頭靠在她的胸口，聊著早上的事。她告訴我爸媽：「我愛你們的女兒和孫子女，從來沒有這麼愛過別人。我這一輩子尋尋覓覓，就是為了和他們相遇。我答應你們，我一定會永遠愛他們、保護他們。」害怕和勇敢的心情湧上媽媽的心頭，她用顫抖的嘴唇說：「艾比，我從女兒十歲以後，就再也沒見過她這麼有生命力。」

那天早上他們還說了很多，但媽媽開口回應的第一句話，就像小說用來起頭，讓人想劃線強調的句子，立刻吸引我的注意：

> 我從女兒十歲以後，就再也沒見過她這麼有生命力。

媽媽看著我眼裡的火花在我存在於地球的第十年褪去。現在，經過了三十年，她又看見那道火花回來了。這幾個月以來，我的姿態和以前完全不同。在她眼中，我很有威嚴，甚至有點嚇人。

那天過後，我開始問自己：十歲時，我眼裡的火花去哪了？我怎麼會迷失自己？

我對這個問題研究了一番，發現：我們在十歲開始學習怎麼當個好女孩和真正的男孩。從十歲開始，孩子會為了成為世界期望他們變成的樣子，而隱藏自己。就在十歲左右，我們開始將正規的馴化過程，吸收內化。

十歲，這個世界要我坐好，叫我安靜。它的手，指著我的牢籠：

這些是你可以表達的感受。
這是女人應該要有的舉止。
這是你要努力追求的身材。
這些是你要去相信的事情。
這些是你可以愛的人。
那些是你應該要害怕的人。
這是你應該要渴望的生活。

套進那些框架吧。起初你會很不自在。但別擔心，到最後，你會忘記自己關在籠子裡，很快你就會覺得，這就是……你的人生。

我想當個好女孩，所以我試著控制自己。我選擇成為某種個性的人，選擇要有怎樣的身材，選擇某一種信仰，選擇某一種性傾向，這籠子裡的空間好窄，窄到我得憋住呼吸才能好好待著。沒多久，我就病了，病得不輕。

我成為一個好女孩，但我也開始暴飲暴食。沒有人可以一直憋著不呼吸。暴食症是我用來喘息的窗口。我用暴食來拒絕順從，縱容自己填補飢餓和表達憤怒。我像隻動物，每天瘋狂吃喝，然後又倒在馬桶邊催吐——因為好女孩必須很苗條，才能待在自己的籠子裡。絕對不能讓別人一眼就看出她很飢餓。好女孩不會肚子餓、不會生氣，也不會有狂野的一面。女人也是一個活生生的人的這個事實，是好女孩的晦暗祕密。

當時，我懷疑得暴食症是因為我瘋了。高中時，我住過一陣子精神病院。我的懷疑得到了證實。

但現在，我對自己有了不一樣的認知。

那時的我，只是一個困在牢籠裡的女孩。但我早該知道，我天生注定翱翔於無邊天際。

我沒有瘋，我是一隻貨真價實的獵豹。

看見艾比的那一刻，我記起自己的野性。我想擁有她，那是我第一次想要擁有某樣不是別人教我該渴求的東西；我也愛她，那是我第一次愛上某個不是別人告訴我該愛的人。我想和她共創人生，我從來沒有像那樣擁有自己的念頭，從來沒有像那樣自由地當個女人，去做屬於自己的決定。三十年來，我扭曲自己，在框架中符合他人對愛情的看法，而我現在終於擁有一份適合自己、量身打造、由自己選擇的愛情。我終於懂得去問自己想要什麼，而不是顧慮這個世界希望我做什麼。我覺得自己有了生命。我嘗到自由的滋味，也想要更多。

我認真檢視自己的信仰、交友狀態、工作、性傾向和整個人生，問自己：這當中有多少是我自己的主意？我真的想要這些嗎？或者，那是我被制約下，所想要擁有的東西？有哪些信念是我自己得來的，有哪些是別人灌輸給我的？我之所以是這樣一個人，有多少是天生性格，有多少承襲自他人？我的外貌、言談、舉止，有多少是別人訓練我要有的樣子、言談和舉止？我這輩子追尋的事物，有多少只不過是髒兮兮的粉紅兔子？在這個世界教我成為怎樣一個人之前，我又是什麼模樣？

我花了好些時間，離開我的籠子。慢慢地，我建立一段新的婚姻關係、新的信仰、新的世界觀、新的人生使命，以及新的家庭，並且拋開別人為我預設好的身分，重新構築自己的身分認同。我揚棄教條，發揮想像力；依憑自己的野性，不做別人訓練我去做的事。

接下來我想說的，是我如何被關進籠子裡，以及重返自由的故事。

蘋果

聽完這仔細算計過的一席話，我沒有其他問題了。

十歲的我，參加教義班，和其他二十個小朋友，一起在天主教聖誕堂後端的一間小房間裡坐著。每個星期三晚上，爸媽會把我送到這裡認識上帝。教義班老師是同學的媽媽，我忘記她的名字了，但我記得，她總是告訴我們，白天她的工作是一名會計師，家裡人要在教堂服事，她自願到禮品店做事，但教堂派她來四二三室，當五年級生的教義班老師。於是，每個星期三晚上六點半到七點半，她要負責教小朋友認識上帝。

她要我們在她椅子前面的地毯坐下，準備向我們解釋，上帝怎麼把人類創造出來。我趕快到前排找位子坐下，因為我很好奇，想知道自己是怎麼被創造出來、為什麼會被創造出來。我注意到老師的腿上沒有放《聖經》，也沒有放其他書本，她要憑記憶告訴我們來龍去脈，我好佩服她。

老師開始說了。

「上帝創造了亞當，讓他待在一座美麗的花園裡。亞當是上帝最喜歡的創造物，祂告訴亞當，他唯一要做的事就是當個快樂的人、管理花園和替動物取名字。亞當的生活簡直棒得無可挑剔，只是他覺得很孤單，壓力很大。他希望有人能陪伴他，幫他一起替動物取名字。所以他告訴上帝，他想要一個同伴和幫手。有一天晚上，上帝幫亞當生出夏娃，從亞當的身體造出一個女人，所以在英文裡，女人叫 woman，因為女人來自男人的子宮。子宮的英文是 womb，加上男人的英文 man，就變成 woman。」

我實在太吃驚，吃驚到忘了舉手，就發問了。

「等一等，亞當生出夏娃？可是人不是都來自女人的身體嗎？那男孩子是不是也應該叫 woman？不是大家都應該要叫 woman 嗎？」

老師說：「格倫儂，請舉手發問。」

我舉起手。她示意我把手放下。坐在我左邊的男生對我翻了個白眼。

老師繼續說。

「亞當和夏娃過得很快樂，有一陣子，一切都很完美。

「可是後來，上帝說有一棵樹叫知識樹，樹上的果子不能摘來吃。雖然整座花園裡面，就只有這一樣東西夏娃不能要，但她還是很想從那棵樹摘顆蘋果來吃。於是有一天，她肚子餓了，就從樹上摘了一顆蘋果，咬一口，也騙亞當咬了一口。亞當一咬下去，一股羞愧感在夏娃和亞當的心裡升起，這是他們從來沒有的感受。兩人躲起來，不敢見上帝。但上帝洞察一切，所以上帝知道這件事。上帝把亞當和夏娃從花園趕出去。之後，上帝降禍於亞當和夏娃以及他們的子孫。從那時起，地球上才有了苦難。這就是我們到今天都還在受苦的原因，我們身體裡都有夏娃的原罪。這條罪，就是想知道我們不該知道的事、想擁有更多而不對已擁有的心存感激、隨心所欲而不做該做的事。」

聽完這仔細算計過的一席話，我沒有其他問題了。

幫他吹

有時候我以為自己已經原諒他了，但當他爬到我身上，對他的恨意又湧上心頭。

老公承認和別的女人上床後，我們開始心理諮商。現在我們遇到問題會先隱忍不發，等到星期二晚上，再把累積一星期的狀況，帶到心理師那兒一併解決。朋友問我看心理師有沒有用，我說：「應該有吧，至少我們還保有婚姻關係。」

今天我要求單獨去見心理師。我覺得很累，又心煩意亂，因為我整個晚上一直在心裡默默練習，該如何說出我要告訴她的話。

我安靜地坐在自己的椅子上，雙手在大腿上方交疊。心理師挺直身體坐在對面的椅子上，身穿一襲雪白的長褲套裝，腳上套著中跟鞋，沒有化妝。在她身後，有一個木頭書架，擺滿教科書和裱了框的學位證書，像豌豆莖攀爬牆壁。她在腿上放了一本皮革筆記本，一支筆擱在上頭，等著要我把事情講清楚，白紙黑字寫下來。我提醒自己：格倫儂，拿出大人的樣子，冷靜、有自信地說。

「我有重要的事要告訴你，我陷入愛河了。我瘋狂地愛上一個人。她的名字叫艾比。」

心理師張大了嘴，讓我不注意到都難。沉默了一輩子那麼久以後，她深深吸了幾口氣，開口說：「好的。」

她停下來，接著又開口。「格倫儂，你知道的，不管這是什麼，都不是真的。這些感覺不是真的。你現在所想像的未來，不管怎樣，也都不是真的。你只是一時意亂情迷，很危險，不會有好結果的。你得就此打住。」

我開始說：「你不懂，這不一樣。」但接下來，我想到曾經坐在這張椅子上的所有人，他們都曾堅持：這不一樣。

要是她不讓我擁有艾比，至少我得證明自己有理由不和老公復合。

「我沒辦法再跟他做愛，」我說：「你知道我有多努力。有時候我以為自己已經原諒他了，但當他爬到我身上，對他的恨意又湧上心頭。這種狀況持續幾年了，我不想當一個難搞的人，所以我就閉上眼睛，試著在性愛結束前身心分離，但我的心會冷不防回到身體裡，在身體裡面感受到熾熱的怒火。就像，我想要在身體裡死去，但總是有一小部分還活著，那股活著的力量讓做愛變得難以忍受。做愛時我不能活著，但又死不透，問題始終無解。我真的……不想再和他做愛了。」

眼淚掉下來，讓我好生氣，但我還是哭了。我在乞求，拜託，可憐可憐我。

兩名女子、一襲白色套裝、六張裱框的學位證書、一本攤開的筆記本、一支筆，靜置著。

接著有人開口：「格倫儂，你有沒有試過，幫他吹就好？很多女人覺得口交沒那麼親密。」

別人給的方向

我們的孩子絕對不只如此，不可能塞進這些大量生產、僵化的瓶子。

我有一個兒子、兩個女兒（除非他們說要改變生理性別）。

孩子們相信，淋浴間是想出點子的魔法入口。

老么最近告訴我：「媽媽，假使我今天一整天都想不出什麼好點子，我一走進淋浴間，腦袋瓜就冒出好多超棒的想法。我覺得大概是水的作用。」

「有可能是水，」我說：「又或者，只有淋浴間是你不會使用電子產品的地方，你可以在那裡聽見自己的想法。」

她看著我說：「蛤？」

「寶貝，淋浴間帶給你的作用叫作思考。這是大家在 Google 出現之前會做的事情。

思考就像……在自己的頭腦裡 Google。」

她說：「喔，好酷。」

這個孩子，每星期都會有一次從我這裡把昂貴的洗髮精偷偷拿去用。有一天，我又氣得跺腳走向她和十來歲的哥哥姊姊共用的浴室，要把洗髮精偷回來。

我打開浴簾，發現浴缸邊緣有十二個亂丟的空瓶子。右邊都是紅色、白色、藍色，左邊都是粉紅色和紫色。

我從顯然是兒子用的瓶子那邊，拿起一個紅色的瓶子。高高的矩形瓶身，又大又笨重。上面有一串紅色、白色、藍色組成的粗體字，張揚地對我喊：

容量加大三倍

讓你不失男子氣概

以男人味抵禦一切

踢飛灰塵，再舉起折椅，猛力揮別體臭

我心想：搞什麼鬼？我的兒子是在洗澡，還是準備上場打仗啊？

我拿起女兒用的細瘦粉紅色金屬瓶子。這一次，瓶子沒有對我高喊行軍令，而是用行雲流水的草寫字，低聲呢喃幾個不相干的形容詞：魅力四射、明豔動人、溫柔可人、純潔無瑕、容光煥發、風采迷人、讓人想一親芳澤、輕盈、柔滑。

沒有任何一個動詞，在這裡，你不需要有動作，只有一串清單，告訴你該成為怎樣的人。

我看了一下淋浴間的四周。我想確定，淋浴間並不是一個會把人送回過去的魔法入口。我身在二十一世紀，但男孩至今仍然被教導：真男人高大、勇猛、暴力、無堅不摧，真男人厭惡陰柔氣質，肩負征服女人和世界的責任。女孩則被教導：真女人必須文靜、美麗、渺小、被動，還要令人渴求，才值得被某個人征服。我們都在這樣的世界裡，我們的兒女早上起床，衣服都還沒穿好，就被灌輸這樣的觀念，羞於當個完整的人。

我們的孩子絕對不只如此，不可能塞進這些大量生產、僵化的瓶子。可是，他們會想要嘗試，因此迷失自己。

北極熊

人要先感受到痛苦的存在，才有可能治療傷痛。

幾年前，女兒緹許的老師打電話來，說女兒在學校出了點「狀況」。老師在討論野生動植物的課堂上告訴小朋友，因為冰冠融化的關係，北極熊住的家和食物來源都快要不見了。她給小朋友看一張瀕死北極熊的照片，教他們認識全球暖化有許多後果，北極熊瀕死也是其中一樣。

其他幼稚園小朋友知道這件事以後覺得很難過，但難過歸難過，一到下課時間，小朋友還是一窩蜂地衝出教室玩耍。可是緹許沒有。老師告訴我，課上完了，別的孩子急匆匆地從地毯起身，跑到教室外面去，緹許卻獨自一人坐在原地。她嚇得動彈不得，嘴巴張得老大，小臉一副飽受驚嚇的神情。

她問：「什麼？你剛才說北極熊瀕臨死亡？因為地球正在融化？就是我們住的這顆地球？你就這樣，在我們的小圈圈時間，拋出這件可怕的小趣聞？」

最後緹許還是到教室外面去了，但那天的下課時間，她都沒辦法加入別人的活動。其他小朋友想把她從長椅上叫下來，一起玩四格傳球遊戲，她都一直黏在老師旁邊，張大眼睛問：「大人都知道這件事嗎？他們要怎麼辦？也會危害到其他動物嗎？那隻餓扁了的北極熊，牠的媽媽在哪裡？」

接下來一個月，我們家的日常生活全圍繞在北極熊上。我們買了北極熊海報，貼在緹許的房間牆壁上。「媽媽，我是為了記得這件事——絕對不能忘記。」我們透過網路助養了四隻北極熊，我們的晚餐、早餐、通勤和派對時光，都在談論北極熊。我們一直討論、一直討論，讓我在幾週後開始對北極熊感到厭惡。我開始覺得為何世上要有北極熊。我想盡辦法要把緹許從北極熊的深淵用力拉出來。我悉心呵護著她，也斥責過她，到最後，我不得不對她說謊。

我找朋友假裝「南極總統」，寄一封「官方」電子郵件給我，宣布冰冠已經永久修復，所有的北極熊一夕之間都沒事了。我點開那封偽造的信件，大聲把緹許叫進房間：「我的天啊，寶貝！快過來！看看我收到什麼，有好消息！」緹許默默讀完那封信，慢慢轉過來，用尖刻輕蔑的表情看我。這個敏感的孩子不是笨蛋，她知道信是假的。北極熊事件繼續延燒，愈演愈烈。

某天晚上睡覺前，我幫緹許蓋好被子，躡手躡腳地走出她的房間，正開心可以好好享受一下媽媽的快樂時光。（大家都睡了，我一人獨享長沙發、碳水化合物零食和Netflix，到隔天太陽升起之前，誰都別想碰我，也別想跟我講話，哈利路亞！）我正要把門關上，緹許小聲對我說：「媽媽，等一下，好嗎？」

該死的，真要命。

「親愛的，怎麼了？」

「是北極熊的事情。」

天啊，慘了。

我走回她的床邊，帶著一點狂躁，低頭直盯著她。緹許面朝上看著我說：「媽咪，我就是沒有辦法不去想：現在是北極熊，大家都不在乎，接下來，就輪到我們了。」

然後她翻過身去，睡著了，留下我一個人，待在這黑暗的房間，驚訝得動彈不得。我睜大眼睛，雙手環抱身體，凝視緹許。「我的天啊！北、極、熊！我們必須拯救他X X的北極熊！接下來就是我們了。我們這些人在搞什麼呀？」

然後我低下頭看我的心肝寶貝，心想：噢，你為了北極熊心碎，並不瘋狂，我們其他人沒感覺，才是瘋了。

先前那天緹許沒有下課休息，是因為她專心聆聽老師的話。她聽說了北極熊的事情，立刻感受到這件事帶來的恐懼感，她知道人類做錯了，在腦海中想像會發生什麼無可避免的後果。緹許是個敏感的孩子，那是她的超能力。敏感的相反不是勇敢；拒絕專心聆聽、拒絕留心周遭、拒絕感受、認知和想像，也不叫勇敢。敏感的相反是漠然，那不是什麼值得驕傲的事。

緹許的感知力很強。即便世界在她身邊快速流轉，她仍然用自己的步調，慢慢觀察和理解。等一等，停一下。你說那件北極熊的事情……讓我心生感觸，我有些納悶，可以在這暫停一下嗎？我有一些感覺，我有疑問，我還沒準備好跑到外面下課休息。

在大部分的文化裡，對於擁有像緹許身上這種特質的人，我們很早就能看出，這是一個與眾不同的孩子，長大之後，也許會成為薩滿僧人、醫護人員、詩人或神職人員。大家覺得他們古里古怪的，但他們是讓團體生存下去的關鍵力量，因為他們能聽見別人聽不見的聲音、看見別人無法看見的事、感受別人無法產生的感受。文化需要這些少數人的敏感度。人要先感受到痛苦的存在，才有可能治療傷痛。

可是，社會鐵了心不計成本向外擴張，崇尚力量和追求效率，所以像緹許——還有像我——這樣的人，變成了干擾社會的人。我們拖慢世界的前行速度。我們站在鐵達尼號船頭，用手指著前方，大喊：「有冰山！」其他人卻在甲板下方大聲回：「我們只想繼續跳舞！」大家寧可說我們有毛病、不把我們的話當一回事，而不願去想，是我們對破碎的世界，做出了正確的回應。

我的小女兒沒有毛病，她是先知。我要拿出足夠的智慧，和她一起停下腳步，問問她有什麼感受，聽她說她知道什麼。

打勾

我為了保持年輕，砸大錢買口服劑和注射美容針。
為了當個純潔無瑕的女孩，我拒絕做自己，拒絕了幾十年。

升到高中三年級，我都還沒當過返校皇后的候選人。

我們學校的返校皇后候選人來自各年級，每個年級推派最受歡迎的前十名學生參選。那十個學生會在返校遊行上盛裝打扮，搭乘敞篷車繞場，並在中場時間一身華麗穿越學校操場，再披著返校皇后候選人肩帶盛裝走過禮堂。返校季就像高中學生的時裝週，我們其他人只能待在暗處，看返校皇后候選人走秀。

老師們在英文課發下選票，教我們把票投給有資格當返校皇后候選人的學生。大家每年都投出十名天之驕女。每個學生都認識這些女孩兒，感覺像你打從娘胎就認識她們。天之驕女現身走廊、橄欖球比賽和購物中心，也縈繞在我們心頭。她們幾個緊密站成一圈，有如金光閃閃的太陽。我們不該、也很難去直視她們，因為她們有閃耀的秀髮、身形輕盈、魅力四射、明豔動人。她們才不會霸凌別人，霸凌要付出太多心力，太費工夫了，她們才沒有那麼小兒科。她們唯一要做的事，就只有忽視我們這些平凡人，而我們要做的事，就是用她們的標準來衡量自己。我們的存在令她們耀眼突出，她們的存在使我們自慚形穢。但每一年，我們都要以她們為對象，投下自己的一票，因為規矩掌控著我們，觸角甚至伸到我們的私人課桌。你要投票給那些天之驕女，她們完全遵照指示，大家都該向她們學習，所以要讓她們勝出，禮尚往來。

我不是天之驕女，但天之驕女的光芒，時不時會反射到我身上，讓我沾光。偶爾有一、兩次，她們會邀請我參加派對，我到了現場，她們又不太搭理我。我猜，我之所以能夠出現在那裡，可能是因為她們需要一些不突出的人，在周圍陪襯她們的優秀吧。光芒要有對比來凸顯。所以橄欖球隊比賽，她們圍成一圈，讓我和她們站在一起，那個時候，她們也沒有對我多說什麼。身在那些小圈子裡，讓我覺得非常不自在、格格不入，又很可笑。我提醒自己，小圈圈裡面發生什麼不重要，重要的是圓圈外的人怎麼看。真相不重要，重要的是說服別人什麼是真相。我在裡面有什麼感覺也不重要，重要的是，在別人眼中，我看起來有什麼感覺。我看起來有什麼感覺，會決定旁人對我的感覺。別人對我有什麼感覺，那才是重點。所以，我表現出一副覺得自己是天之驕女的樣子。

九月中旬，忙碌的返校節籌備活動來到最激情的關頭，大家都投好票了，將在第六節課揭曉獲勝者。我是學生會的成員，負責計票。我的好朋友麗莎負責從箱子裡一次拿出一張選票，並大聲讀出名字，由我負責登記票數。她一直唸著同樣的名字：蒂娜、凱莉、潔莎、蒂娜、凱莉、潔莎、蘇珊、潔莎、蘇珊、蒂娜、蒂娜、蒂娜。接著有格倫儂一票，又有幾票投給格倫儂……格倫儂、格倫儂。麗莎看著我，挑了挑眉毛，露出微笑。我翻了個白眼，看向其他地方，但我的心其實在胸口撲通撲通地跳。要死了，他們以為我是天之驕女。我看見投票箱快要清空了，但票數很接近，我可以辦到的，一定可以。只要再有兩票投給我就行了。我看向麗莎，看到她把目光移開了。我趕緊在自己的名字旁邊再劃上兩筆。打勾，打勾。麗莎跟我一起計票，而我當上返校皇后候選人。

現在，我，這個女孩（雖然已經四十四歲了）可以翻著白眼，用不經意的口吻說出，這個嘛，我以前當過返校皇后候選人呢。對方也會翻個白眼，以示回應（高中往事嘛！）。但他們會留下印象：噢！你是天之驕女。天之驕女是很早就決定好的身分，不知怎麼地，會一直跟隨著你，即便我們已經長大成人，懂的事情也比以前多了很多，這個身分，依然會延續下去。一日成為天之驕女，你就永遠是天之驕女。

這十幾年，我透過文字和演講，公開談論成癮、性愛、不忠、憂鬱的話題。拋開羞愧感是我用來修練心神的方法。但除了太太，我從來沒對誰坦承過高中時期作票的往事。我告訴她，我終於寫下這個故事，她眉頭一皺，問我：「寶貝，你確定嗎？真的有必要說那件事嗎？」

我覺得，在這則故事裡，惡劣的是那種在意得不得了、無所不用其極的心態。要是不能成為天之驕女，你就得假裝自己不想當天之驕女。一心一意想要有所歸屬，甚至不惜作弊來實現這種想望，真是不可取，太不可取了。可惜，那時的我確實如此。

我為了當上天之驕女，而去操縱選舉結果。曾經有十六年的時光，我為了維持輕盈的體態，把頭伸進馬桶裡吐。有十年，我為了成為討人喜歡的人，喝酒麻痺自己。我為了當個讓人想一親芳澤的女人，對著明明是渾球的男人咯咯笑，跟他們上床。我為了當個溫柔可人的女孩，不敢為自己發聲，甚至在緊閉的雙唇裡，嚐到了鮮血的味道。我為了保持年輕，砸大錢買口服劑和注射毒物。為了當個純潔無瑕的女孩，我拒絕做自己，拒絕了幾十年。

演算法

「你的孩子需要知道，這件事將會如何發展。」
「連我都不知道了，他們怎麼可能知道。」

我發現老公一再出軌，幾個月後，我還是不知道該留下還是離開。我甚至不知道，自己應不應該留下新買的沙發抱枕。我實在是一個優柔寡斷的女人。我跟孩子學校的輔導老師說，我覺得自己拿不定主意。她說：「會讓孩子不知所措的，不是決定太困難，而是不去決定。你的孩子需要知道，這件事將會如何發展。」

我說：「連我都不知道了，他們怎麼可能知道。」

她說：「你得想想，怎麼弄清楚。」

那時我只知道一種弄清楚的辦法，就是調查大家的意見，研究一下。我開始做民意調查，打電話給每一個我認識的朋友，問大家怎麼想，希望他們知道該怎麼做。接著我著手研究，凡是跟出軌、離婚、小孩有關的文章，查得到的我都閱讀，希望那些專家知道該怎麼做。但不管是意見調查，還是研究，統統得不出一個結果，讓我覺得很惱怒。

最後，我把目光轉移到網路世界。或許隱身網路背後的陌生人、酸民和機器人大軍會知道，我該拿瘋狂又珍貴的人生怎麼辦。於是，凌晨三點鐘，我躺在床上，大口吃著班傑瑞（Ben&Jerry's）冰淇淋，在 Google 搜尋欄輸入：

如果老公偷吃，但他又是個好爸爸，該怎麼辦？

徵詢

男孩子向內詢問自己餓不餓，女孩子向外探詢別人的眼光。

我十七歲的兒子崔斯，正在家庭起居室，和朋友一起看電影。我試著不去打擾他們，但是很難。我知道，大部分人在十來歲的時候，都覺得媽媽不上道，但我有把握自己是例外。

我站在門邊偷偷往裡面看。男孩子隨意倒臥在沙發上，女孩子則是讓自己一小團、一小團，井然有序地坐在地板上。我那兩個年紀還小的女兒，坐在年紀較長的女孩腿上，安安靜靜，對這些哥哥姊姊很崇拜。

兒子看向我這邊，表情似笑非笑：「嗨，媽。」

我得替自己出現在這裡找個理由，就問：「有人肚子餓了嗎？」

接下來發生的事，有如慢動作畫面，在我眼前展開。

男生們的目光都停在電視機上沒移開，異口同聲地說：「我！」

女生們起初默默不語，接著每一個小女生都把目光從電視螢幕移開，掃視其他女生的臉。大家都靠看一看朋友的臉，來判斷自己餓不餓。女孩們似乎有某種心電感應的能力。她們在做民意調查和研究狀況。她們在徵詢大家的共識、許可或否決。

女生們以某種未知的方式，默默選出了一名綁法式髮辮、鼻子有雀斑的女孩，當大家的發言人。

她把視線從女生朋友們的臉龐移開，望向我這邊，帶著禮貌微笑說：「我們不餓，謝謝阿姨。」

男孩子向內詢問自己餓不餓，女孩子向外探詢別人的眼光。

我們學會討好別人，忘了如何知道自己真正的感受。

所以我們活在飢餓裡。

規則

她頭暈想吐，難以呼吸，甚至視線模糊。但她仍然沒有離開教室。

我的朋友艾希莉最近去上她的第一堂熱瑜伽課。她走進教室，把瑜伽墊攤開坐下，期待著課程開始。

她告訴我：「教室裡面超熱的。」

後來，終於有一位充滿自信的年輕老師走了進來。那時候，艾希莉已經開始流汗了。老師告訴大家：「我們要開始上課了。你們的身體會非常熱，但不可以離開教室。不管出現怎樣的感覺，都要堅持住，不能離開。這是你們的功課。」

上課幾分鐘後，艾希莉開始感覺到牆壁向她逼近，頭暈想吐，愈來愈難呼吸。有兩次，甚至開始視線模糊，眼前黑了一下。她看向門口，超想衝過去。那九十分鐘，她害怕極了，差一點換氣過度，強忍不讓淚水奪眶而出。可是，她仍然沒有離開教室。

老師一宣布下課，打開教室的門，艾希莉就從瑜伽墊跳起來，衝到走廊上，用手摀著嘴一路狂奔到廁所。她猛力打開廁所的門，吐得水槽、牆壁和地板都是。

她四肢著地，跪在地上，用紙巾擦拭自己的嘔吐物，心想：我是怎麼搞的？我為什麼要留下來受罪，門根本沒鎖。

噴火龍

酗酒和藥物濫用造成問題，但那樣更省事，就再也不必去處理自己真正的問題。

我還是個小女孩的時候，教母在我生日時送給我一顆雪花水晶球。這顆小小圓圓的水晶球大概只有手掌的大小，一隻鱗片閃閃發光的紅龍矗立在水晶球中央，它有一對明亮的綠眼睛和張狂的翅膀。帶回家那天，我把水晶球放在床頭櫃上。夜晚，在黑暗中，一想到那隻紅龍離我好近，我就害怕，躺在床上，睜著眼睛睡不著。有一天晚上，我爬下床，把水晶球移到房間最高的架子上擺著。

我只在白天有亮光的時候，才會偶爾拉出書桌椅，爬上去，把水晶球從架子拿下來。我搖一搖，靜置水晶球，看雪花在球裡打轉。等雪花逐一落下，中間那隻兇猛的紅龍就會現身，讓我打寒顫。那隻紅龍有魔法，令人害怕。牠始終在那裡，從來沒有離開過，默默地等待。

我的朋友梅根，曾有酗酒和藥物濫用的問題達十年。她現在已經戒酒和戒毒五年了。她最近在想，那時候的她是怎麼回事——一名堅強得不得了的女性，怎麼會讓癮頭奪走自己的人生？

結婚那天，梅根坐在小禮拜堂後方，她心裡知道，自己並不想嫁給在走道另一端等她的男人。她打從心底明白這點。

但她還是嫁給對方，因為她那時已經三十五歲，該結婚了。總之，最後她還是嫁給了他，因為婚禮一旦取消會讓好多人失望，但若婚禮不取消，那麼失望的就只有她自己，所以她選擇讓自己失望。當她開口說出「我願意」的那一刻，她的內心其實喊著「我不願意」。接下來那十年，她想辦法，不去管心裡清清楚楚的事——她知道，她背叛了自己，若她不停止背叛自己，人生就無法真正展開。想要假裝不知道，只能灌醉自己，讓自己一直爛醉如泥。所以，她從蜜月就開始酗酒。喝得愈醉，她就覺得，自己和內心那隻紅龍離得愈遠。一陣子以後，她的酗酒和藥物濫用愈發嚴重，但那樣更省事，她再也不必去處理自己真正的問題。

我們都像一顆雪花水晶球：我們用所有的時間、精力、話語、金錢來攪動雪花，不讓自己了解真正的問題。想盡辦法不讓雪花降落，就永遠不必面對心底的狂暴真相——那從未移開、牢固的真相。

我們分手了。又忍不住喝酒了。吃止痛藥根本不是因為背很痛。他再也不會回來了。書不會自己寫出來。非搬家不可。辭掉這份工作才能挽回我的人生。這是虐待。你從來沒有傷過他的心。我們有六個月沒做愛了。花一輩子的時間恨別人，根本不是人過的生活。

我們不停搖晃自己，因為在我們內心深處，有一隻噴火龍。

孩子們都還很小的時候，有天晚上，我一面泡澡，一面讀著一本詩集。偶然看到一首題為「祕密生活」的詩。這首詩在講內心深處的祕密，還有為何人人都有祕密。我心想：誰說的，我自從戒癮就沒有祕密了。我不會再藏祕密了。感覺真棒。但我又讀到：

它成為你極力保護之物

若政府說，你可以
保護一樣事物
其餘皆屬於我們……

它閃耀光芒，它刺痛你
只因你離得太近

我從閱讀中停下來，心裡想：喔，等一等。

我有一件事。

這件事，我甚至沒跟我妹妹說過。

我有一個閃耀著光芒的祕密，就是我覺得女人真是迷人，比男人更有吸引力。我的祕密就是，我懷疑自己天生該向女人示愛，該和一名女子相擁，依賴著一名女子，與她一起生活，白頭偕老。

接著我心想：太奇怪了，不可能是真的，你有老公和三個小孩，你的人生好得無可挑剔。

我從浴缸爬出來，用力甩乾頭髮，我告訴自己：也許那是另一個人生吧。
很有趣，對吧？
講得好像我不只擁有一個人生。

展臂

我的整個存在都在說：
她來了。

我坐在登機口附近一張冰冷的塑膠椅上，盯著我的手提登機箱，啜飲機場又苦又淡的咖啡。我從登機室的窗戶望向外頭的飛機，不知道，接下來這一年，我還要搭幾次飛機？一百次嗎？我覺得，自己也有一些淡淡的苦澀。

搭上飛機，它將載著我，到芝加哥歐海爾機場，去找一名司機，他的手上會拿著一塊寫有我（老公）姓氏的板子。我會舉起手，觀察司機的臉上，因為發現我是一名穿運動褲的嬌小女性，不是穿西裝的高大男子，而露出驚訝的表情。司機會載我到帕爾默飯店去參加全國圖書大會。我將在一間宏偉的宴會廳的舞臺上，對著幾百位圖書館員，介紹我即將出版的自傳《為愛而戰》（*Love Warrior*）。

《為愛而戰》在描述我們家歷經千瘡百孔後，苦心重建的故事。這是今年度的重點書籍，我要在講臺和媒體上，永無止盡地，不停打書。

我試著去想，自己對這件事有何感受。恐懼？興奮？羞愧？我無法獨立出任何一種具體的感覺。我盯著那架飛機，心想要怎麼在我被分配到的七分鐘，向一大群陌生人，解釋人生中最私密、複雜的經歷。我已經寫成一本書了，現在我得替自己寫的書打廣告。要作家用字句，去介紹已經寫好的字句，意義何在？難道畫家要替自己的畫作，畫一幅畫嗎？

我以前也來過這座機場，在這裡的登機口排隊。三年前，我出第一本書，到美國各地演講，告訴大家，我如何擺脫糾纏一生的暴食症和酒癮，終於嫁給一個老公、生了一個兒子、開始寫作，從此換得一個幸福人生的故事。我在全國各地的講臺，重複將書中的訊息傳遞給懷抱希望的女性：加油，人生很難，但你是一名戰士，你總有一天會跟我一樣，得到一切。

第一本書才剛寫完，沒多久，我就坐在心理師的診療間，聽老公說著，他婚後一直四處找人上床。

當他說出「我有其他女人」，我在那個當下，止住了我的呼吸。當我再次吸氣，空氣裡彷彿添加了嗅鹽。他看著自己的手不停道歉，結結巴巴地，軟弱無力，讓我聽了放聲大笑。我的笑聲，顯然讓在場兩個男的（我老公和他的心理師）渾身不自在。他們的不自在，讓我覺得自己很有力量。我看向門口，努力發揮腎上腺素，把自己帶出那幢建築物，穿越停車場，坐進我的多功能休旅車。

我在駕駛座上坐了一會兒。我發現，老公坦承出軌，我並沒有身為妻子的心碎絕望，我所感受到的，是作家對情節破碎的一股憤怒。千萬別去招惹，剛被老公搞砸情節的傳記作家。

我對他怒不可遏，對自己很反感。我竟然卸下防備，相信故事裡的其他角色會安分守己，依照我所想的鋪陳情節。我把創意這一塊，交給了故事的其他角色，讓自己的未來和孩子處在弱勢，真是愚蠢，下不為例。從現在起，我要拿回百分百的控制權。這是我的故事和我的家庭，要由我來決定結局。我要接下這坨屎，用它織出黃金。

我用文字、句子、章節和書稿奪回控制權。我先在心中擘劃了一個大和解的故事，也就是，在療傷後得到一個完整的家。再從那裡，反過來構思：我們會歷經憤怒、痛苦、治療、自我發現、原諒、半推半就的信任，最後，終於破鏡重圓並得到救贖。我不知道，我是寫下那幾年的經歷，還是在那幾年裡，一面寫書，一面讓情節全部實現。但那也不重要了。重點在，那段朦朧不清的歲月走到尾聲，我寫出了陰沉的愛情故事——在這齣戲裡，有背叛和原諒、痛苦和救贖、破碎和療傷。這是我的書和家庭，人生，走進死局。

作家安．派契特（Ann Patchett）的《真與美》（*Truth & Beauty*，暫譯）有一段情節，寫一名讀者在簽書會上走向露西的桌子，問她是怎麼寫出自傳的：「你怎麼記得所有事情？」

她說：「我不記得，我用寫的。」

《為愛而戰》完稿時，我把稿子拿給克雷格看，他說：「對，這就是發生這一切的意義，我讓這一切有了意義，我們贏得這場戰爭，這個家庭辦到了，我們還是譜出了一篇愛的故事，不客氣。」

戰爭至此結束，我想要回家，可是，我們的家還是一個散兵坑，只有克雷格和我大眼瞪小眼，彼此心想：那現在呢？我們贏了什麼？

我打電話給妹妹，問她取消芝加哥的新書發表會有沒有關係。我想聽她告訴我取消就取消，沒什麼大不了。她說：「行程可以取消，但影響會很大。你為活動投入了那麼多。」

於是我搬出平常那套做法。我想像，我的身體從外面看起來僵硬直挺，在身體裡面，我感覺自己從液態變成固態，從水結成冰。格倫儂離開這幢建築。我可以的，我搭上飛機，去訴說一個連我自己都不太相信的故事。

不會有事的，我就把它當成一個故事來講，那不是我自己的人生。假裝沒有被困在裡面，已經結束了。我會說出真相，只不過這個真相有點偏頗：我會適度地自責，用強烈的同情心提到他的事，將他的不忠歸結到我的性冷感，將我的性冷感歸咎於暴食症。我會說老公出軌讓我開始自我反思，自我反思讓我開始懂得原諒，痛苦使我得到救贖。我會講到讓大家認為：沒錯，一切就是這麼發生的。我明白，難免的。連我自己也會那樣認為。

人生的道德弧線會彎向有意義的那一邊，尤其是，我們會用盡該死的力氣，使弧線朝有意義的一方發展。

我抵達芝加哥，在會場所在地帕爾默飯店與替我宣傳書籍的公關見面。這個週末是文學界的超級盃，她忙翻了。我們要去參加晚宴，和另外九位作家先碰個面，互相認識一下，再到宴會廳的講臺上推銷新書。幾個小時前，我才得知要參加這場晚宴，我的內向警鈴鳴聲大作，恐慌程度從黃色升高到紅色。

作家們聚餐的場地不大，兩張長形會議桌併成一張方桌。與會者沒有坐著，而是到處串門子。對我而言，在陌生人之間打轉如同人間煉獄，所以我沒有到處聊天，而是走向飲料桌，為自己倒了杯冰水。一位知名作家走過來，向我自我介紹。她問我：「你是格倫儂嗎？我一直很想跟你聊一聊。你是那位基督徒作家，對嗎？」

對，我是那一位。

「我的新書描寫一名女子在一次跟宗教有關的體驗後，成為了一名基督徒。你相信嗎？一名基督徒耶！她覺得那次經歷無比真實！不知道讀者會有什麼反應，大家會認真看待她的經驗嗎？你覺得呢？你覺得別人認真看待你的經驗嗎？」

我想辦法認真給了一些回應，就先離開了。

我看向桌子——主辦單位沒有幫大家排座位，可惡。小說家喬治．桑德斯（George Saunders）安靜地坐在會議桌的尾端，他看起來是個溫和的好人，我好想坐到他旁邊，但他是男的，我不懂怎麼跟男人聊天。會議桌尾端還坐著一名散發冷靜氣質的年輕女性。我在她旁邊坐了下來。對方大概二十來歲，出了自己的第一本童書。我接連提了好幾個問題，心想，要是主辦單位能把我們的書放在桌上，讓我們用安靜看書的方式來認識對方，該有多好。我們把奶油塗到餐包上，沙拉上桌了，我正要伸手拿沙拉醬，這時候，寫童書的女士的目光越過桌子，望向門口，我也朝那邊看過去。

突然間，有一名女子站在剛才還空無一物的地方。她占據整個門口，占據整個室內，占滿了整個宇宙。她留著一頭短髮，淡金色的頭髮堆在頭頂，兩側頭髮削得很短。她身穿長風衣，圍著紅色圍巾，臉上露出淺淺的溫暖微笑，散發堅定的自信感。她靜靜地在那裡站了一下，看會議室有多少人。雙眼盯著她無法移開的我，則是盤點了自己的一生。

我的整個存在都在說：

她來了。

接著，我無法控制自己的身體。我站起身來，大大張開雙臂。

她看過來，把頭偏向一邊，抬高眉毛，對我微笑。

靠，我怎麼站著？我的手臂怎麼是張開的？天啊，我在幹嘛？

我坐回去。

她繞桌子走一圈和每一個人握手打招呼。走到我這邊時，我又一次站起來。我轉過身，面對她，她說：「我叫艾比。」

我問可不可以抱抱她？生怕我就只有這一次機會了。她笑著張開雙臂，一陣香氣飄送過來——在她的皮膚上，有一種像是洗衣粉和柔軟精的味道，混合了大衣上的羊毛、古龍水，還有一種很像空氣、戶外、清澈天空的氣味，像小嬰兒、女人、男人和一整個世界。這陣香氣，在將來，成為了我心目中家的味道。

會場最後一個位子在會議桌的尾端。她從我身邊離開，走到那裡坐下。後來她告訴我，她那天都沒有吃東西或說話，因為她的全副精力，都用來克制自己不要盯著我看。我也跟她一樣。

晚宴結束，大家又開始串門子交際。我的天啊，又要交際了，更何況，現在這裡截然不同了。我藉著上廁所離開，殺了兩分鐘交際時間。從廁所走出去的時候，發現她站在走廊上，望著廁所門口等待。她示意要我走過去。我看了看身後，確定她是不是在跟我說話。她笑了出來。她笑了。

接著我們一起走回宴會廳。我們自然而然和大家保持一段距離，前後一公尺都有人，但我們就那樣，單獨一起走著。我好想展現風趣的一面，但她太有個性了，我不知道要怎麼做才能跟她一樣酷。我這輩子沒當過一個有個性的人，我很溫和，而且我覺得室內太暖和了——有如熊熊烈火——汗水已經從我的上衣透出來。

她開口了，謝天謝地。她向我介紹她要出的書。她說：「但現在情況很不妙，你應該聽說了。」

「聽說什麼？我不知道。我應該聽說什麼？從哪聽說？」

她說：「可能從新聞聽說吧？ESPN 體育臺？」

「沒有耶，我沒有從 ESPN 聽到什麼新聞。」我回應。

她接著說話，剛開始比較慢，後來一股腦說了出來。

「我是足球員，以前是。我剛退休，我不確定自己現在是什麼身分。我上個月酒駕被逮，新聞都在報導。我看見自己的大頭照在新聞跑馬燈跑了好幾天，真不敢相信我竟然酒駕。這幾年我真的很茫然，又很憂鬱。但現在……我完蛋了。我一向很看重榮譽，名聲全都毀了。我讓大家失望。我可能讓整支球隊蒙羞了。現在，他們要我出書吹捧自己的英雄事蹟，可是我一直在想：如果我誠實面對呢？如果我寫出真實的人生呢？」

我替她難過，卻為自己感到開心激動。因為在我們相處的那四分鐘，她剛好問到三件我最清楚的主題：酗酒、寫作和羞愧感。這是我最拿手的，我很會，棒呆了！

我把手放到她的手臂上，有一股電流通過。手縮回來，回過神之後，我說：「聽著，我的案底跟你的手臂一樣長。我會選擇全部寫下來，誠實以對。我不大了解體育界，但我很清楚，在外頭的真實世界裡，大家喜歡真誠的人。」

她停下腳步，我也跟著停下來。她轉過來直接看著我，感覺她有什麼話想說。我屏住呼吸。然後她轉回去，繼續往前走。我又開始呼吸，也繼續往前走。我們走進宴會廳，跟其他作家一起穿過好多鋪著白色桌布的圓桌，天花板挑高九公尺，垂著幾盞水晶吊燈。我們來到講臺前，從階梯走上去，看見我們的座位被安排在一起。我們走到座位時，她把手放在我的椅背上，無法決定該不該替我拉開椅子。她拉開了，我說：「謝謝。」

我們坐下來，坐在艾比旁邊的作家問她是哪裡人。

「我住在波特蘭。」艾比回答。

那位作家說：「喔，我好愛波特蘭。」

艾比說：「是啊。」

她說「是啊」的方式讓我豎起了耳朵。

「我不知道我還會在那裡住多久。當初我們會搬到那裡去住，是因為我們覺得那是一個很適合成家的地方。」

我從她說這句話的方式，可以聽出「她們」已經分開了。我想幫她擋下後面的問題，所以就說：「喔，像我們這樣的人不能住在波特蘭，我們的內在有波特蘭人格，我們需要外頭更有陽光的地方。」

我馬上因為自己說出口的話，覺得很不好意思。內在有波特蘭人格？那是什麼鬼話。像我們這樣的人？我幹嘛要說我們啊？我們？講出我們這個概念，也太自以為是了吧？我們！

我們、我們、我們。

她看著我，睜大眼睛，臉上掛著微笑。我改變心意了。我不知道自己在說什麼，但我很高興自己把話說出來。我覺得，所謂的天堂，就是說出能讓眼前這名女子那樣微笑的話。

活動開始了。輪到我站到講桌前演講時，我把原先規劃好要講的那一套丟了一大半，改說我希望艾比聽見的話，一些有關羞愧感和自由的想法。我看著前方上百名聽眾，心裡只想著身後的她。講完以後，我坐回去，艾比看著我，眼眶都紅了。

晚宴結束，大家開始走向我們的桌子。大概有五十個人那麼多吧，統統排在艾比的桌子前面。她轉過來問我能不能簽一本我的書給她。我簽了。然後她轉回去面對人群，開始微笑、簽名和閒話家常。如魚得水、有自信、態度親切，顯然已經很習慣了。

一名跟在艾比後面一起走進晚宴會場的捲髮女子朝我們這桌走來。我看得出她在等待跟我說話的時機。我朝她微微笑，示意她可以過來。她想辦法盡量往我這邊靠近，小小聲地說：「抱歉，我從來沒有做過這種事，我只是……我跟艾比很熟，感情跟親姊妹一樣好。我不知道剛才那一小時發生什麼事，但我從來沒有見過這樣的她，我只是……我真的覺得她的人生很需要有你在身邊。或許吧。這真是太奇怪了。很抱歉跟你說這些話。」這名女子手足無措，淚水在她眼眶打轉。她把名片遞給我。我知道，我的回應對她來說很重要。

我說：「好啊，好，好，沒問題。」

我認識的出版社朋友黛娜在等我一起離開。我望向艾比那邊，還有大概四十個粉絲在等她簽書。

我沒有因為要和艾比告別而傷心，反而很高興，離開後心裡可以想著她。我抱著興奮的心離開這裡，因為我發現，自己這輩子從來沒有這般有生命力。現在的我，只想踏入外面的世界，四處轉一轉，感受這股生命的力量。我滿心期待，要開始當這個我突然不知怎麼，在剛才蛻變而成的人——一個新的自己。

我說：「艾比，再見。」天啊，我直接用名字稱呼她。艾比。不知道這樣稱呼妥不妥。是不是該先徵詢她的許可，再說出這個在我心裡顛出陣陣漣漪的名字？她轉過來，對我微笑、揮手。她的臉上露出期待的表情，像在問一個將來某天我會回答她的問題。

黛娜和我步出宴會廳，來到寬敞宏偉的走廊。她叫我等一下，她問我：「你覺得還順利嗎？」

我說：「超棒的。」

黛娜說：「我也覺得。你在臺上的時候感情好豐沛。我不知道怎麼說，跟以前不一樣。」

「喔，你是說演講。我是在講今天這一晚。我覺得超奇怪的。艾比和我好像有某種連結。」

黛娜抓住我的手臂說：「我真不敢相信你也這樣說。我覺得好不可置信，我向上帝發誓，我也感覺到了。我覺得你們之間有什麼，從宴會廳後面就有了。好奇怪。」

我盯著她說：「剛才有，現在也有。今天一整晚……我們之間的連結……感覺就像……」

黛娜用認真的眼神看著我，然後說：「像你們倆在另一個人生裡會在一起？」

我的情緒

我的直覺

我的想像

我的勇氣

那些是通往自由的鑰匙。

第二部

鑰匙

丟鑰匙

身材嬌小的女子
為了她
所認識的
每一個人建造牢籠

而智者
必須在月亮低垂時
低下她的頭
整晚不停丟鑰匙
將美麗
喧鬧的囚犯釋放

——哈菲茲（Hafiz），十四世紀波斯詩人

我從來沒有完全消失。我的火花一直在體內積累悶燒。但我的的確確感覺自己離開了好一陣子。小時候的暴食症，最後演變成酗酒和濫用藥物，我麻痺自己，麻痺了十六年。後來，我在二十六歲懷孕時戒癮。清醒的我，開始記起自己的野性。

我經過一段這樣的歷程：我開始打造身為一名女性所該過的生活，我成為了一名好太太、好媽媽、好女兒、好基督徒、好公民、好作家、好女人。可是，我在準備小孩上學要吃的午餐時、寫傳記時、匆忙穿梭機場時、跟鄰居閒話家常時、努力維繫外在生活時，我覺得，體內有一股電流滋滋作響。感覺我的皮膚下方，就在那裡，一直打雷——這道雷融合了開心、痛苦、憤怒、渴望和愛，對這個世界來說太深沉、太滾燙、太溫柔了。感覺像正在悶燒的燙水，隨時有滾出來的危險。

我對自己身體裡那個部分很害怕。感覺它強大到，足以將我辛苦建立的美滿人生摧毀殆盡。就像我每次一站到陽臺就覺得不安全：如果我往下跳呢？

我告訴自己，沒關係。我會把體內的東西藏好，這樣就能保護好自己，也保護好我心愛的人。

想不到這件事竟如此容易。我身體裡充滿雷電、悶燒的燙水，我是熾熱的紅色和金色，可是我只要微笑和點頭，這個世界就會以為我是隨和的粉藍色。有時候我懷疑，可能不只有我，還有其他女性，也用皮膚來壓抑自己。也許我們都是一團被皮膚包起來的火，希望別人以為我們很冷靜。

艾比從走廊走進來的那一刻激起我的沸點。我看著她，再也無法自我壓抑。我無法控制自己了。痛苦、愛和渴望形成的火紅色和金色的泡泡，在全身上下滾動。所以我站了起來，大大地張開雙臂，堅持表達：她、來、了。

有好一陣子，我心想，那天的事情是童話故事裡的某種神奇魔力。我覺得「她來了」這幾個字是上天在對我說話。但現在我知道了。我知道「她來了」是從內在發出的聲音。喧鬧的野性悶燒了好久好久，終於自己化作文字，讓我站起身來，那野性，就是我自己。那一天，我終於聽見的聲音，是我自己的聲音——她是我在十歲鎖起來的女孩，那個在世界告訴我該成為誰之前的女孩。她說：我在這兒，現在起，由我接手。

在我很小的時候，我感受自己需要的感覺、順從直覺，憑藉想像去擘劃未來。在被羞愧感馴服之前，我是有野性的；在因為恐懼太多，而開始隱藏和麻痺自己的感覺之前，我是有野性的；在不相信自己的直覺，而開始順從別人的意見之前，我是有野性的；在被說服相信自己的想像很荒謬、欲望很自私之前，我是有野性的；在把自己關進他人期待、文化要求和對組織的效忠之前，我是有野性的；在為了成為應該成為的樣子，而把原本的自己埋葬之前，我是有野性的。我學會討好別人，迷失了自己。

戒癮是一段辛苦振作的重生過程。我花了很長的時間回憶自己的野性。我終於明白，我感覺到熾熱的雷電在體內滋滋作響和翻騰，雷電就是我自己——她想吸引我注意，求我記起，堅持表達：我還在這裡面。

於是我終於打開枷鎖將她釋放。我讓美麗、喧鬧、真實而狂野的自我得到自由。我沒有錯估她的力量。對我的生活來說，她的確太強大了，所以我有計畫地，將原本所擁有的生活盡數拆除。

過後我建立起屬於自己的人生。

做法是，把我以前在訓練之下，為了讓旁人自在，而去懷疑、隱藏、拋棄的自我，每一個部分，統統復活：

我的情緒；

我的直覺；

我的想像；

我的勇氣；

那些是通往自由的鑰匙。

那些就是我們。

我們有足夠的勇氣，釋放自己嗎？

我們有足夠的勇氣，讓自己自由嗎？

我們是不是終於該踏出牢籠，對自己、對我們在乎的人、對這個世界說：

我在這裡。

感受

比起痛苦，過完一輩子卻無法成就自己，更是一件可怕得要命的事。

第一把鑰匙——感受所有的感受

戒癮成功第六天，我去參加第五次康復者聚會。我坐在冰冷的塑膠椅上發抖，努力不讓咖啡從紙杯灑出來，也努力不讓我的感受從皮膚溢出。這十六年來，我該死地用力確保不讓其他東西碰到我，但突然之間，全世界的東西都在觸碰我，我是一條裸露的神經，碰到什麼都好痛。

我不好意思告訴別人自己有多痛，但我決定，我要試著向圍成一圈的康復者解釋看看，他們是我第一批全心全意相信的人，因為我從來沒有認識像他們這樣，會一五一十吐露實情的人。他們讓我看自己的內在，我也把自己的內在對他們掏了出來。我大概是這樣說的：「我叫格倫儂，我戒癮六天了，感覺好糟。我想，這種糟糕透頂的感覺，就是我一開始酗酒的原因。我開始擔心，我的問題不是出在酗酒，而是皮膚下方的東西，也就是我自己。別人想要活著，似乎不像我想要活著那麼困難。感覺活著有某種我所不知道的祕密。彷彿我一直做錯了。謝謝大家聽我說。」

聚會結束後，有一名女子走過來坐在我旁邊。她說：「謝謝你的分享，我也有同感。我只是想告訴你，有人曾經這樣對我說：感受你所有的感覺是沒有關係的。你只是在重新回到人的狀態。這樣過生活並沒有錯，你做對了。如果說有什麼是你所不知道的祕密，那就是，想要做得對是非常困難的。去感受你所有的感覺是一件很難的事，但那就是感覺的意義，所有的感覺之所以存在，都是為了要被感受，所有的感覺都是，連難受的感覺也不例外。祕密就是你在用對的方法去做，而對的方法令人難受。」

在那名女子告訴我之前，我不知道所有感覺都是為了要被感受，我不知道我應該要去感受一切。我還以為，我應該要感受的是快樂。我以為我們要感受快樂，要修正、麻痺、引開、隱藏和忽略痛苦。我以為，人生之所以會變得很艱難，是因為我在某個地方走錯路了。我以為痛苦是軟弱，應該要咬牙撐下去。可問題是，我愈是咬牙，就得吞下愈多食物和酒精。

那一天，我戒癮第六天，身懷六甲，身體顫抖，帶著恐懼，在教堂地下室昏暗的日光燈底下，喝著難喝的咖啡，踏出回歸自我的第一步。因為有一名好心的女子啟發了我，讓我知道，做一個完整的人不光是去感受快樂，而是要去感受一切。那天以後，我開始練習，去感受所有的感受。我開始堅持自己有權利也有責任去感受一切，即使要花時間和精力，讓我變得有點沒效率、有點不方便、有點不討人喜歡，也要做到。

過去十八年，關於痛苦，我學到兩件事。

第一件：我可以感受一切，並存活下來。

我以為會殺死我的事情，其實並不會。每次我對自己說：我再也受不了。我都想錯了。真相是我可以承受，實際上，我也感受了所有的感受——而且活了下來。一次又一次地活下來，讓我不再那麼懼怕我自己，不再那麼懼怕別人，也不再那麼懼怕人生。我學到，我不可能永遠不感受到痛苦，但我可以不去懼怕痛苦，那樣就夠了。我終於不再逃避那存在許久，足以使我自己燃燒的火焰。而且我學到，我就像燃燒中的荊棘，焚而不毀：痛苦的火焰不會吞噬我。我可以燃燒一次，又一次，並獲得新生。我可以靠燃燒活下來。我，不怕火燒。

第二件：我可以從痛苦成就自己。

我來到世上是為了一再嘗試，不斷成就更真實美好的自己。想要活著，就要不斷革新。不管我喜不喜歡，痛苦都是推動革新的燃料。想要成為接下來要成為的那個女人，我所需要的一切，全都存在於此時此刻的感受。人生就像煉金，情緒是幫助我變成黃金的火焰。我要在每一天，堅定拒絕讓自己熄滅一百萬次，才能繼續成就自我。如果能安坐在自己的感受之火裡，就會繼續成長。

消費文化讓我們誤以為購物能擺脫痛苦：彷彿我們會難過和生氣，不是因為身為一個人就會有痛苦，而是因為，我們缺少某一種廚房檯面、不像她有一雙美腿、沒有這幾件牛仔褲。鼓吹消費是讓經濟運作的聰明辦法，但人不可能靠這樣來經營人生。花錢買東西使我們分心，讓我們變得忙碌和麻木。麻木阻礙我們成就自己。

所以，關於人的痛苦，每一位偉大的心靈導師都告訴我們：別逃避，痛苦會使你進步和成長。你來人世間走一遭，是為了成就自己。

一如佛陀，必須離開愜意的生活，去體會人世間一切苦難，才開悟了。

一如摩西，在沙漠流浪四十年，才見到應許之地。

一如電影《公主新娘》（*The Princess Bride*）的衛斯理曾說：「公主殿下，人生就是痛苦，只有賣東西的人才不這樣說。」

一如耶穌，直接步向祂的十字架。

首先是痛苦，接著是等待，再來是覺醒。我們的痛苦全都來自於，我們不讓自己先釘在十字架上，就想要重生。

唯有歷經自己的故事，才有值得誇耀之事。

痛苦是魔法，痛苦不會使人不幸，苦難才會。逃避痛苦，無法成就自我，就是苦難。我不要逃避痛苦，我要避免因為太害怕投入，而錯失自我發展。缺乏信心，讓我總是一再麻痺、隱藏、消耗自己，不去感受各種強烈的感覺。現在我要停止放棄自己，留下來感受一切。我要相信自己夠強大，那些成就自我所需要的痛苦感覺，並不足以為懼。因為比起痛苦，過完一輩子卻無法成就自己，對我來說，更是一件可怕得要命的事。比起感受所有的感受，我更害怕統統錯過。

最近，當痛苦來襲，有兩個我。

一個苦情的我覺得很害怕，一個好奇的我覺得很興奮。第二個我不是被虐狂，而是聰明又有智慧的人。她沒有忘記。她記得，就算我無從得知接下來人生會有哪些遭遇，我都曉得那是一個怎樣的過程。我知道當痛苦、等待找上門，覺醒也就不遠了。我希望痛苦快點過去，但也會耐心等待，因為我試過好多次了，所以我相信痛苦，我知道痛苦確實能讓我成長。況且，我不可能預料明天的我會是怎樣的一個人，所以我必須用今天學到的每一課，去實現那個她。

我在浴室鏡子上塞了一張紙條：

感受所有的感受。

這張紙條提醒我，雖然十八年前我開始回歸人生，但我仍然要在每一天，把握每分每秒，讓自己去感受和成就自己。我每一天都這樣提醒自己，要燃燒殆盡、死而復生、脫胎換骨。

覺知

當女人終於了解，取悅世界是不可能的，
她就能夠自由自在地，去學習如何讓自己開心。

第二把鑰匙——靜下來，開啟覺知

幾年前的某一天凌晨，我發現自己又失眠了。凌晨三點鐘，我像一名即將溺水、亟需空氣的女子，眼神狂熱、身體顫抖，胡亂揮舞著雙手。我好想抓住一個答案，就在Google 搜尋欄上，打了這些字：

如果老公偷吃，但他又是個好爸爸，該怎麼辦？

我瞪著問題想：呃，我來到某種新的谷底了。我剛才竟然想從網路找答案，替人生中最重要的私人問題做決定。為什麼我不相信自己，反而比較相信別人呢？我的自我究竟在哪裡？我是什麼時候跟她失聯的？

但我還是在網路上點開一篇又一篇的文章。每個人認為我該做的事都不一樣，讓我看了非常苦惱。宗教圈的專家們堅持，一個稱職的基督徒應該要留下來。女權主義者主張，堅強的女性會選擇離開。教養文章宣導，好媽媽只會為孩子的最大利益著想。網路上林林總總的見解，表示我根本不可能讓所有人滿意。於是我鬆了一口氣。當女人終於了解，取悅世界是不可能的，她就能夠自由自在地，去學習如何讓自己開心。

我看著那些相互矛盾的意見，心想：如果世上真的有一種客觀正確的處理方式，以及某一種絕對錯誤的處理方式，那為什麼大家的看法仍會落差這麼大？我突然醒悟：一定是因為，我問的問題是應不應該、對或錯、好或壞——這和我們的原始野性不符，也並不真實。這些只是文化構築出來的東西、一種人造的產物、不斷改換形體的牢籠，為的只是把某一種制度給維繫住。我發現，在每一個家庭、每一種文化、每一種宗教裡面，是非觀念就像電擊趕牛棒、吠叫的牧羊犬，把牲口統統趕到一處，是把我們關在籠子內的門閂。

我得出結論，假如我一直想做「正確」的事情，那我就會一輩子跟著別人的指示走，而忽略自己的意見。我不想活了一輩子，卻沒有活出自己的人生。我想當個自由的女性，不是依靠訓練做決定，而是運用我自己的靈魂，發自內心，做自己的決定。但問題來了，我不知道該怎麼做。

幾個星期以後，我打開朋友寄來的一張卡片，上面用粗體深黑字寫著：

靜下來，開啟覺知。

這句詩文，我見過好多次，但是這一次，我有了新的想法。這句話不是說「徵詢朋友的意見就會開啟覺知」，也不是「讀專家的書就會開啟覺知」或「搜索網路就會知道」。它提出截然不同的解答方式：停下來，就對了。

停止動作、停止講話、停止搜尋、停止恐慌、停止揮舞。

只要停下來，你就會開始「知道」。

聽起來很像唬人的把戲，但走投無路的女人什麼都願意試。我決定做個實驗。我在小孩出門上學後把自己關進更衣室，墊著毛巾坐在地板上，閉上眼睛，除了呼吸什麼都不做。剛開始，每過十分鐘，都像十小時那麼久。每隔幾分鐘，我就查看一下手機、盤算著要去買哪些生鮮雜貨、在心裡想可以怎麼重新布置客廳。我坐在地板上唯一「知道」的一件事似乎是我又餓又癢，突然好想起身去摺衣服和整理食物櫃。我是一名被人丟進勒戒所裡的資訊接收狂，每一秒鐘都被吸引著想要放棄，但我要自己堅持下去：格倫儂，一天花十分鐘找自己不算太長，老天，你可是每天花八十分鐘找鑰匙呢。

幾週後，我就像是一名體操選手那樣，每經過一次的訓練，身體就能伸展得更徹底。我開始感覺到，自己每一次進入更衣室鍛鍊，身體就彎得更下去，終於探得夠深，在內在找到自己始終不知道存在的新境界。

這個地方位於底層，很低、很深、很安靜，所有動作都靜止了。在那裡，沒有聲響，連我跟自己對話的聲音都沒有。在那裡，我只能聽見自己的呼吸。就好像，我溺水了，慌亂之中，我急著吸氣和求援，在水面猛力揮舞雙手；可是，想要拯救自己，我真正需要做的，其實是沉下去。我想到，難怪大家要你冷靜的時候，會說「冷靜下來」。因為浪花旋轉用力拍打水面產生噪音，但在那底下是一片寂靜和清澈。

混亂在深層靜止下來，我可以感受到表面沒有的感受。就像在丹麥理工大學的消音室[1]裡，人們可以聽見並感受到血液在身體裡淌流。就在那很深很深的地方，我可以感受，體內有東西在流動，它叫「知道」。

在下面這個層次，我可以知道某些在混亂的表層所無法得知的事。在下面，當我提出有關人生的問題（用話語或抽象的圖像提問），我感受到一股推力，指引我找到下一樣該在我人生中出現的事物，然後，我靜靜地知道了有這股推力存在——它便充斥於我的全身。知道的感覺像血管裡流著溫暖的液體黃金，硬度恰到好處，讓我感覺到自己是穩定而又踏實的。

儘管我害怕這樣說，但我真的學到了，上帝存在於我身體這麼深的地方。在我認出上帝的存在和指引時，上帝讓我的身體充滿溫暖的液體黃金，為我慶祝。

我每一天都回到更衣室，在一堆T恤和牛仔褲之中坐下來，練習往下沉。我會在深處遇見知道的感覺，它推著我，前往下一件對的事物，每次一件。因此，我開始知道接下來該怎麼做，我開始用更清晰、穩固、安定的心過日子。

一年過後，有一天，我坐在一張長會議桌邊開工作會議。大家正在討論某項至關重要的決定，團隊成員等待我帶大家下決定。我不確定該怎麼做，差一點就要用老方法去

1 消音室又稱無回音室、無響室，指一可完全吸收任何入射波而無反射波，把內部聲音反射和外部雜音減到最小的聲學實驗室。

了解事情：向外徵求他人的接納、許可和共識。但我匆匆一瞥，看見通往儲藏室的門，想起我有一種了解事情的新辦法。

我在心裡頭想，不知道大家會不會介意讓我離開一下，到儲藏室待個幾分鐘。不過，我沒有那麼做，我深呼吸，睜著眼睛，轉向內在，試著在會議桌邊沉下去。結果有用。我感覺到推力，一知道推力存在，我的體內就充滿了溫暖的液體黃金。我浮出表面，面帶微笑說：「我知道怎麼做了。」我冷靜、有把握地告訴其他人，我要大家怎麼做。室內的慌忙氣氛化解開來。大家深深吸了口氣，彷彿每一個人都立刻放鬆下來，穩定運作。我們跨越一次難關了。

上帝從櫃子走出來，現在，我可以把上帝帶到任何地方。

我現在只聽從，由我的認知所發出的命令。當我在工作上、私人生活或家庭裡，遇到要做決定的時機，不論決定重要或微小，只要有不確定的感覺，我就會往下沉。我沉入話語、恐懼、期待、制約、建議的旋轉浪花底下，感受知道的感覺。我每天沉下去好幾百次。我必須這麼做，因為知道的感覺，它永遠不會告訴你接下來五年的計畫。對我來說，它就像一位充滿關愛、輕鬆有趣的嚮導，感覺上，它之所以只會揭示下一件對的事物，是因為它想要我繼續回頭找它，因為它想參與我的人生。許多年過後，我和這種知道的感覺發展出一層關係——我們學習如何信任彼此。

我用這種方式說話時，太太會抬起眉毛問：「你剛才是在下面跟自己講話嗎？」也許是吧，如果我在那深處找到的只是我自己的話；如果我學會的方法不是在和上帝溝通，而是和自己溝通的話；如果我學會信任的不是上帝，而是我自己的話；如果接下來這一輩子，不管我有多迷失，我都明白去哪裡、怎麼再次找到自己的話，好吧，那就是囉。對我來說，那絕對就是一種奇蹟。

我們為何要絞盡腦汁去想怎麼稱呼知道的感覺，而不是去向彼此分享如何喚出知道的感覺呢？我知道有很多人找到這種內在境界，當作活下去的唯一憑藉。有些人說，知道的感覺叫：上帝、智慧、直覺、靈性、最深沉的本我。我有一個朋友，她很不喜歡上帝，所以她為知道的感覺取了個名字，叫賽巴斯汀。不管上帝叫什麼名字，都一樣神奇，一樣能舒緩心靈。我們怎麼稱呼知道的感覺並不重要，重要的是，如果我們希望度過流星般非凡的一生，就必須召喚它。

我學到，如果我想要覺醒，就必須先沉潛下去。我必須搜尋和仰賴內在智慧的聲音，不是去向外尋求認可。這個做法幫助我不去過其他人的人生，也幫助我省下一大堆時間和精力。我只會去做「知道」指引我的下一件事情，一次一件。我不會沒事就去徵求「知道」的指引。這才是成人該有的生活態度。最棒的是，「知道」是在語言之下且又超越語言的存在，所以我沒有任何語言可用，也就不能將它轉述給別人聽。既然「知道」不用語言啟發我，所以我也就不再使用語言，去向他人解釋我的想法。女性的大改革可由此展開：去做下一件就該在你人生中出現的事物，一次一件，不必事事徵詢，也不必提出解釋。這樣過生活，多麼振奮人心！

我現在明白，世界上沒有其他人知道我該怎麼做。專家不知道，牧師、心理師、雜誌、作家、我的父母、我的朋友，他們統統不知道。就連最愛我的人們，也都不知道我該怎麼做。因為沒有人擁有我的天賦和我遇到的挑戰，他們沒有跟我一樣的過去，也沒有遇見在我身邊的每一個人。別人沒有也不會去經歷我試著去過的人生。每個人的生命都是前所未見的歷程。這是專屬於我的人生。所以，我必須停止探問他人如何前往他們不曾到過的地方。

所謂的地圖並不存在，我們都是先行者。

我把第二把鑰匙用刺青寫在我的手腕：

靜下來

這是我每天拿來提醒自己的事。

如果我願意和自己一起靜下來，我就會一直知道該怎麼做。答案從來就不是在外頭，而是和我的呼吸一樣近，和我的心跳一樣穩定。我只要停止揮舞雙手，沉到表面底下，感受推力和流淌的黃金，那樣就行了。接下來，我得相信它，不管下一件對的事多麼不合邏輯、多麼可怕，我都要相信。因為我愈是拿出勇氣，愈是毫無偏差、有始有終地順從內在那股知道的感覺，我的外在生命就愈精確美麗。我愈是依憑覺知過生活，就愈能掌握自己的人生，愈不害怕。我相信，不管我去哪裡，知道的感覺都會陪伴我，推我前往下一步，一次完成一件事，一路指引我回到家。

覺知的步驟：

產生不確定。

呼吸、轉向內在、沉下去。

四處感受知道的感覺。
做知道的感覺推你去做的下一件事。
維持這個狀態。（不做解釋）
重頭來過，永不間斷。
（你要在接下來的人生裡繼續努力，縮短覺知和行動之間的落差。）

想像力

相信萬物自有看不見的秩序。我們不能為了套入看得見的秩序而扭曲自己。

第三把鑰匙——大膽想像

二十六歲那年，有一天，我坐在骯髒的廁所地板上，手上拿著一支呈陽性結果的驗孕棒。我盯著上面的藍色十字線條，心裡想：這……不可能吧。全世界再也沒有比我更不適合當媽媽的人了。這十六年來，我每天暴飲暴食和催吐好幾次；過去七年，我每天晚上喝酒喝到不省人事。我的肝臟、信用、紀錄、我的琺瑯質，以及我的所有人際關係，統統都被我自己給摧毀了。我疼痛的頭殼、地板上的空啤酒瓶、我的銀行帳戶、少了一只戒指的顫抖手指，都在對我大聲喊：不行，你不適合。

但我體內某個東西小聲地說：是的，我可以。

儘管所有證據都指向反對，我仍然可以想像自己成為一名清醒的好媽媽。

後來我戒掉癮頭，成為了一名母親、一名妻子、一名作家。

時間快轉十四年，來到不惑之年。現在，我有一個老公、兩隻狗和三個敬愛爸爸的孩子。我一部分的職業寫作生涯，仰賴身為傳統家庭一分子和基督徒的價值觀，前途也一片光明。我出了一本備受期待的婚姻救贖自傳，所以我身在一場新書發表會。活動上，一名女子步入會場，我看見她，就在那一刻，瘋狂地愛上了她。我的情況、我的恐懼、我的宗教信仰、我的職業——都在對我大聲喊：不行，她不適合。

但我體內某個東西小聲地說：是的，就是她。

那個東西就是我的想像力。

儘管所有證據都指向反對，我仍然可以想像自己成為艾比的另一半。我可以想像，有一種愛，讓我完全被看見、被了解和被珍惜。

客觀事實就擺在我眼前。

但我可以感受到存在於體內的真相。

它膨脹、擠壓著我：你注定要過比現在更真切的生活。想要擁有就得自己創造，必須把內在想像，具體地化為外在現實。只有你能實現這件事，代價是付出一切。

我現在學到要依靠信念而活，我所相信的，並非許久以前男人為了控制他人、鞏固權力，所制定的那套不可撼動的信念或教條。我的信念已與宗教無關。對我而言，依靠信念而活是用體內膨脹擠壓的力量，去引導顯露於外的話語和決定。因為我認為，上帝並非存在於體外：上帝是火，是推力，是在我體內膨脹擠壓的溫暖液體黃金。

關於信念，我最喜歡的一種想法是：相信萬物自有看不見的秩序。

事物有兩種秩序：

每一天，我們會在大街和新聞上看見秩序。在這種有形的秩序底下，暴力支配事物的運作，孩子在學校被開槍射殺，好戰分子占上風，世界上百分之一的人坐擁全世界一半的資源。我們稱這種秩序為現實。這是「事物運作的方式」。我們只看得見這些，因為我們只看過這種秩序。但在我們的體內，有某種東西拒絕接受這樣的秩序。我們本能上知道：這不是事物原本的秩序，不是事物該有的樣子。我們知道世界上還有更好、更真實、更具野性的運作方式。

那更好的方式存在我們體內，它是一道看不見的秩序。我們會發揮想像力，看見一個更真實、美好的世界——在那裡，所有孩童都能填飽肚子，我們不必再互相殘殺，媽媽也不必背著嬰兒穿越沙漠。猶太人將這美好的點子稱為平安（shalom），佛教徒說這是涅槃，基督徒說這是天堂，穆斯林說這是安寧（salaam），許多不可知論者則說這是和平。這個地方不屬於外在世界——至少目前還不是；它是我們體內一股膨脹的希望，擠壓穿透我們的皮膚，堅持一定要變得比現在更美好。而且，若我們拒絕等待死後「上天堂」，想辦法在體內找到天堂，使天堂誕生於此時此地，這美好世界便能實現。若我們努力讓體內那不斷膨脹的看不見的願景，在我們的生活、家庭、國家顯現，我們便能讓現實世界更加美麗。我們的地球就會是天堂，物質世界就會與我們的想像相符。

塔碧莎，一隻出生就關在動物園裡的獵豹。

牠所見過的秩序，只有牢籠、髒兮兮的粉紅兔子和欲振乏力的掌聲。塔碧莎從不認識野外，但牠知道什麼是野性，野性就存在於牠的體內。牠感受到看不見的秩序在擠壓著牠，就像一股不斷冒出的直覺。或許就像塔碧莎，最真切的不是我們可以看見什麼，而是可以想像到什麼。或許想像力不是為了要逃離現實，而是我們記起現實的方式。或許當我們想要知道生命、家庭、世界存在的初衷，諮詢對象不該是眼前的世界，而是我們的內心。

想像力是個人與世界展開革命的源頭。

民權運動領袖馬丁．路德．金恩博士說：「我有一個夢想。」

女權鬥士葛羅莉亞．史坦能（Gloria Steinem）說：「夢想其實也是一種規劃。」

為了推動文化前進，革命家必須跟從體內看不見的秩序，去擘劃未來和訴說願景。有形秩序的建立並沒有納入我們的意見，想要看透將我們排除在外的體制，唯一辦法就是發揮想像力。假如我們這些現實世界的化外之民，只從現實世界尋求可能性，那麼現實就永遠不可能改變；我們無法打造屬於自己的桌子，只能在別人的桌邊不斷更換座位和互相搶位子；我們不會走到外面，自己搭一頂大帳篷，只會待在屋內碰撞別人設下的玻璃天花板；我們不會理所當然地以世界的共同創造者自居，而是始終被關在世界的牢籠裡。

我們每一個人，生來都是為了帶給世界某樣從未存在的東西，有可能是一種立身處世的方式、一個家庭、一種想法、一樣藝術、一個社群，這些都是世界不曾見過的事物。我們來這裡是為了讓世界認識完整的我們，我們要將自己和我們的點子、想法、夢想帶入世界，用我們本身的樣貌，以及我們從內在深處帶出的事物，來永遠改變這個世界。所以，我們不能為了套入看得見的秩序而扭曲自己。我們必須釋放自己，看世界在我們眼前重塑秩序。

傾聽女性的聲音，是我的工作。有好多女性告訴我，她們覺得心痛，心底壓著一股沉重的直覺，那股直覺在告訴她們，人生、人際關係、世界應該要更美好才對。

她們問：「我的婚姻不是應該要更有愛嗎？我的宗教不是應該要更有生命力、更仁慈嗎？我的工作不是應該要更有意義，我的社區不是應該要更團結嗎？我留給孩子的世界，殘酷的事情不是應該要更少，才對嗎？一切不是應該更美好嗎？」

提出這些問題的女性令我想起塔碧莎。她們昂首闊步地走在人生的圍欄邊緣，對人生感覺不滿。我覺得這一刻令人振奮，因為，不滿是想像力在喋喋不休地對你說話。不滿證明了想像力並沒有放棄你，它還在擠壓、膨脹，小聲地對你訴說：「不是這個。」想要引起你的注意。

「不是這個」是非常重要的階段。

但知道我們不想要什麼，跟知道想要什麼不同。

所以，要怎麼從「不是這個」，進階到「這個才對」呢？要怎麼從「感覺」不滿，進階到「創造」新生活和新世界呢？換句話說，要如何擺脫別人灌輸給我們的想法，開始運用想像力過生活？

語言是我最喜歡的工具，所以我用語言來幫助別人搭起眼前事物和內在想法的橋梁。我學到，如果我們希望聽見想像力的聲音，就必須用它聽得懂的語言與之對話。

若想知道，在世界告訴我們該成為怎樣的人之前，我們原本的模樣⋯⋯

若想知道，在被放到現在這個位置之前，我們原本會去哪裡⋯⋯

若想擺脫掌控，感受自由⋯⋯

我們就必須重新學習靈魂的母語。

每當有女性讀者使用被灌輸過的教條式語言寫信給我（她們會使用「好」、「應該」、「正確」、「錯誤」之類的字詞），我會試著用想像力的語言回應她們。

我們都會說兩種語言。雖然口中說著被灌輸的語言，但我們的母語是想像力的語言。當我們使用被灌輸過的教條式語言，說著「應不應該、對或錯、好或壞」，我們的心智會被啟動，但那些並非我們想要說出口的話。心智被我們受過的訓練汙染了，必須啟動想像力，才能突破訓練的侷限。心智會找藉口，而想像力，它是一個說故事的高手。所以，請別再問自己對或錯，而是要問：

什麼才是真實、美好的人事物？

然後我們的想像力會在體內油然而生，感謝我們多年後終於想到向它諮詢。想像力會告訴我們，它要訴說的故事。

最近，有一位名叫克萊兒的女性寫信給我。她是一名律師，父母之中，有一個人是酒鬼。克萊兒每天晚上都會喝幾杯用來「消愁」的酒。她坐下寫電子郵件給我時才剛睡醒，帶著一點酒意。信中寫到，她讓自己大部分的時間都處在麻木、模糊不清、羞愧的狀態。

她說：「格倫儂，我覺得自己在浪費生命。我該怎麼做？」

我在回信裡寫：「克萊兒，請你想像一下自己的人生，什麼樣的人生故事，對你來說最真實美好？」

沙夏則是寫信告訴我她的婚姻狀況。她嫁給一個態度冷漠疏遠的男人，跟她爸爸從前對待媽媽的情形一模一樣。沙夏整天忙東忙西的，想要藉由這種方式來贏得老公的心，一如媽媽當年為爸爸做的努力。她寫：「我好累，又很孤單，該怎麼做才對？」

我回：「沙夏，能請你想像一下婚姻這件事，跟我說一個最真實美好的故事嗎？」

現年三十四歲、曾經擔任幼稚園老師的丹妮爾，最近寫了一封信給我。她說，她日日夜夜看著七歲大的兒子，在自己的臂彎裡逐漸枯萎。這孩子飽受病痛折磨，同樣的病，三年前也曾帶走她的大兒子。她夜以繼日，不眠不休地在兒子的病榻旁悉心照料，餵他吃東西、唱歌給他聽、安撫他的心情。

她寫：「格倫儂，我心力交瘁，不知道該怎麼辦才好。」

「丹妮爾，能請你想像一下媽媽和兒子，跟我說一個關於母子，最真實美好的故事嗎？」我這樣回她。

後來，這幾位女性都回信給我了。克萊兒寫了一個故事，描述一名從沒放棄自己的女子，她依照人生的步調去面對人生，為自己、為她在乎的人、為她自己的人生活在當下。克萊兒深信這個願景，生出力量，開始接受治療。以前，她用酒精掩蓋痛苦，現在，則是一步一步穩健地讓痛苦統統浮上來。幾個月後，她來信告訴我，新的人生過起來比從前困難許多，但這是對的困難，她不再錯失自己的人生。她望向鏡子，現在的她不需要再因羞愧而垂下頭，她是一名敢於直視自己的女性。

沙夏花了好幾個晚上，寫出她想像中最真實美好的婚姻故事。一個星期後，她才鼓起勇氣把信寄給我，因為她一度不敢讓「外人」看穿自己內心的想法。後來她把故事用紙印出來，放在老公的枕頭上。可是，過了三星期，老公都沒有什麼反應，沙夏的心都碎了。結果某一天晚上，她老公寫了一張邀請卡給她，問她要不要參加婚姻成長營。故事最後，夫妻倆都能想像擁有一個更美好的未來，也準備好要一起將未來化作現實。

在我要丹妮爾想像為人父母這件事，請她想出一個最真實美好的故事後，她在醫院裡，兒子的病榻旁，寫了一封信給我。

她在信裡這樣說：「你的問題，我思考了一整個星期。我可以想像一千個關於媽媽和兒子，更輕鬆的故事。我也可以想出一百萬個更快樂的故事。雖然我和兩個兒子過這樣的生活讓我心力交瘁，但我無法想像其他更真實美好的情節。」

「我也是，」我回：「我也是。」

真實美好的人生，從來不輕鬆簡單。我們要忘掉美好人生應該很輕鬆這種謊言。這幾位女性都開始運用想像力過生活。方法如下：尊重自己的不滿，不隨意打發、掩埋、引開、否認不滿的感覺，也不將不滿怪罪給別人，或一味要自己心存感激閉上嘴。她聽見覺知小小聲地對她說：「不是這個。」她向自己坦承聽見這個聲音，與它共處一陣子，然後大膽說出內心的小聲音，把這不滿的感覺告訴其他人。

然後，她準備好從「不是這個」進階到「這個才對」，勇敢發揮想像力，讓想像力來告訴她，什麼是她生來就該講述的親身故事。她想像，當自己活出專屬於己的真實與美好，會是如何的光景。她尋找生來就該踏上卻遺忘的藍圖，發掘那看不見的秩序——她的初衷。

然後，是最重點的環節：動筆寫下來。這些人生的開創者，通常會在努力開創最真實美好的人生之前，將天馬行空的想像付諸圖紙。因為從想像跨越到行動是有難度的。每一名建築師或設計師都曉得，從願景踏入現實，中間有一道關鍵步驟：你得先有一張平面圖，想像才會進階成立體。彷彿看不見的秩序，必須一次晉升一個維度。

這幾年下來，有好多女性把她們的夢想平面圖寄給我。她們說：「我覺得，最真實美好的人生、家庭、世界，看起來是……」

這些故事每一篇都有自己的野性，差異之大令我驚嘆。證明人生絕不會千篇一律，更不會是文化理想下的復刻版本。人生、愛、養育小孩、持家、經營學校、經營社區、治國，不是只有一種方式。基準是人訂的，我們都是訂下基準的人。我們可以自己決定什麼叫正常。我們可以拋開所有的規矩，自己寫規則。我們可以由內而外，去塑造自己的人生。我們可以停止問世界希望我們做什麼，並去問一問我們自己想為世界做什麼。我們可以停止去看眼前的事物，多花一點時間，轉向內心探索。我們會回憶起，我們所擁有的想像力，它是一股足以改變人生、改變關係、改變世界的力量。我們可以將這股力量釋放。也許，要花一輩子的時間才能辦到。但人生的幸運之處就在，我們正好擁有一輩子。

請一起從靈魂深處召喚：

我們所能想像，最真實美好的人生。

我們所能領會，最真實美好的家庭生活。

我們所能希望，最真實美好的世界。

一起寫下來吧。

一起看一看我們寫下的故事，不要當成是白日夢。這些是我們的前進指令、我們的人生藍圖、我們的家庭和世界。

願看不見的秩序躍然眼前。

願我們的夢想即計畫。

燃燒

我失去的都是不夠真實的事物。真切的，都牢牢握在我的手中。

第四把鑰匙——建造與燒毀

當我們願意讓自己去感受，內在的我會隨之轉化；跟從我們的覺知和想像力去行動，我們的外在世界就會改變。從我們身體內的世界出發，由內而外鋪展生活，將會改變我們的外在世界。但大破才能大立，這是問題的核心，想要建立新事物，就必須放手把舊事物燒光。我們一定要站在真相這一邊。如果說我們體內的真相會燒掉我們的信念、家庭結構、事業、宗教信仰，甚至一整個產業，那麼我們必須明白，這樣的事物早該在昨日化為灰燼。

如果我們能去感受和想像，我們的生活、家庭和世界會更貼近它的真實樣貌——最終這一切一定會變得更加真實。但剛開始你會覺得很可怕，因為一旦我們為了自己去感受、去知道、去勇敢想像一個更豐富的世界，我們就再也無法停止去感受、知道或想像。我們會被送進未知的深淵，沒有回頭路，因為我們在過不夠真實的人生，更真實的生活只存在我們的心中——我們被推入一個介於不夠真實與更真實之間的地帶。我們會說：「留在原地應該會比較安全吧。就算不夠真實，應該也夠好了吧。」但就是這種夠好的想法使人耽溺於酒精、動不動就故意用言語中傷別人，性格變得尖銳、病態，活在無聲的絕望裡，直到臥躺於臨終的床榻才心想：如果我當初能再勇敢一點，會創造出怎麼樣的人生、人際關係、家庭或世界呢？

建立更真實美好的人生，意味著夠好的世界會因此被破壞掉。重生的意思是死亡。等到我們的內在世界生出更真實美好的想望，人生就會朝此方向前進。緊抓著再也不夠好的東西不叫安全，而是最危險的舉動，因為那樣代表著，注定發生的事胎死腹中。唯有願意被消滅，我們才能真正活著。一定要破壞此刻的人生，我們才能開啟下一個人生。如果我們真的活著，就會不斷失去先前的自己、先前建造的世界、先前相信的事、先前所知真實的事物。

熊熊的火焰燃燒，讓我失去了原有的自我身分認同、信念和人際關係。我學到，當我依循自己的情緒感受、覺知和想像過生活，我會一直失去。但我失去的都是不夠真實的事物。真切的，都牢牢握在我的手中。

有好長一段時間，我扭曲自己，用別人寫給我的舊記事條過生活。這些記事條規定怎麼才是成功的女性、美滿的家庭、屹立不搖的事業、強大的信念。我以為那些記事條寫的是普世真理，所以我拋下自己，把做到記事條的規定當成一種光榮之舉，甚至不去徹底了解和檢驗記事條的內容對不對。當我終於將這些東西從我的潛意識裡拔除，認真徹底地瞧一瞧，我才發現，記事條的內容根本就不是什麼真理，它們只不過是文化硬加在我身上的期待。我是在隨記事條起舞，用自動導航模式，循既定路線飛往不是自己選擇的終點。

所以，現在我重新掌控方向盤，不再為了做到記事條上的「光榮之舉」而放棄自己。我選擇放棄記事條，開始重視自己。我再也不接受世界硬塞給女性的記事條。

我燒掉了說偉大的女性必須無私的記事條。但首先，我要原諒自己相信文化對我們說的謊言，相信了那麼久。以前我是在愛的名義下放棄了自己。他們說服我相信，當女人要去愛她的另一半、她的家庭、她的社區，最好的方式就是為了對方放棄自己。但我愈是想要奉獻，就愈是傷害了自己和這個世界。我看見，當女性變得麻木、順從、沒有聲音和渺小，對外在世界和人際關係會產生什麼影響。雖然無私能造就一個有效率的社會，但這樣的社會既不真實，也不美麗，更非一個公平的社會。當女人失去了自己，世界就失去了方向。我們不需要更多無私的女人，需要的是更多絲毫不受世界期待汙染的女性，她們就是自己，不是其他人的誰。社會需要女性擁有完整的自我。一個自我完整的女人深深了解和信任自己，所以她該說就說、該做就做，其餘的便任其在火裡燃燒。我燒掉了標榜稱職媽媽應該犧牲奉獻的記事條。我認為母親的職責是當孩子的楷模，而不是當個殉道者。我不做以孩子之名慢慢死去的母親，而要當個負責任的媽媽：一個向孩子示範如何完全活著的媽媽。

我燒掉了堅稱一個家必須用盡方法維持原本的結構，才不會被打散的記事條。我觀察到，有些家庭緊緊守著原來的結構，不願意作出任何改變，那樣的家庭其實分崩離析、支離破碎。我也觀察到，有些家庭的結構雖然改變了，卻充滿朝氣、健全美滿。我認為家庭結構無法決定一個家是否完整。當成員只能削足適履，去迎合家的樣子，那就是一個破碎的家；當每一個人都知道，即使自由展現最真實的自己，也永遠會有人接住你，那就是一個完整的家。

我要讓家成為一個不斷演進的生態系。我不再緊抓既定的家庭結構，我堅持，家中每個成員都有權當一個完整的人，包括我自己。我們有可能一再打破家的結構，但絕不會讓家中的誰活得支離破碎。

我不再相信，就算配偶的其中一方或兩方在婚姻中逐漸死去，也要至死不渝才算幸福美滿。我決定在我向另外一個人許下諾言之前，我要向自己發誓：我不會放棄自己，我再也不要放棄自己了。我和我自己，我們要至死不渝。我們願意為了保持完整而放棄一切。我不要當相信別人能令我完整的女人，我認為，我生來完整。

我以前認為美國是個人人自由、人人可享公平正義的地方，我珍視這樣的想法，也因為這種想法而感到安心，但現在我燒掉了這個想法。我讓更真實、開闊的觀點原地重生，納入外表與我不同的人在美國的經歷。

我為自己撰寫新的記事條，重新定義什麼是堅定的信念。我認為，信念不是公開擁護外界信條，而是將自己交託給內在覺知。我不再相信我和上帝之間有中間人或階級分別。我從確信和武裝自己，變成一個有好奇心、睜開眼睛看世界，感受世界帶來驚奇的人；從握緊拳頭，到展開雙臂；從表面，進入有深度的世界。對我而言，依憑信念而活代表我要燒掉一切阻隔覺知的事物，我要一直這麼做，直到有天我可以說：我和宇宙母親是一體的。

我為自己寫的記事條沒有對錯，那就是我自己的記事條。我用沙子來寫，如此一來，當我感受、知道、想像到更真實美好的自己，就能隨時改寫。我會一直改寫，到嚥下最後一口氣為止。

我是一個人，當然會一直改變，成為不一樣的人。如果我勇敢活著，我的這一生就會經歷無數次死亡與重生。我的目標不是維持原樣，而是要在生活中運用每分每秒、每一天、每一年、每一段關係、每一次對話、每一場危機，來成就更加真實、美好的自己。目標是不斷交出當下的我，蛻變成下一階段要成為的人。若有某種想法、意見、身分、故事或關係妨礙蛻變，我不會緊緊抱住不放。不能緊緊抓著岸邊，手一定要放開，才能走向更深的地方，看得更遠。要做到一次，再做到一次，並再做一次。直到最後一次死亡和重生為止。

新的人生過起來，
比從前困難得多。
但這是對的困難。

第三部

自由

痛的感覺

痛不是缺陷。痛是我們相遇的地方，它是勇者俱樂部。

我在十三歲得了暴食症。正值青春年華的我，有一半的時間用來捲瀏海，另一半時間，則是用來暴飲暴食和嘔吐。不停捲頭髮和用力催吐都是不對的生活習慣，所以週五放學後，媽媽都會開車載我到市中心找一位心理師看診。媽媽會待在大廳裡，我自己一個人走進診間，在一張咖啡色的皮椅坐下，等心理師開口問：「格倫儂，你今天好嗎？」

我微笑說：「我很好。那你呢？今天好嗎？」我看著她用全身的力氣，深深吸了幾口氣。接著，我們陷入一片靜默。

我注意到，一片好意卻飽受挫折的心理師的書桌上，擺了一張紅髮小女孩的照片。

我問她是誰。心理師望向照片，用手摸了摸相框，對我說：「那是我的女兒。」她把臉轉回我這邊的時候，表情既哀傷又輕柔。她說：「格倫儂，你說你很好，但你並不好。你的飲食失調症有可能會讓你送命。這些你都知道。你所不知道的是，你拒絕感受一切，不願意和我們一起待在活人的世界裡，這樣的你，已經是半死不活的了。」

我覺得被冒犯，我的內在變得滾燙，立刻感覺鼓脹起來，難以遏制。我忍住呼吸，全身緊繃。

「那個，也許我是在試著過得很好，也許我所做的都是為了過得很好，也許我比任何人都還要努力。」

她說：「也許你應該要停止去試著過得很好，也許人生並不好，也許你永遠都無法過得很好，也許過得很好並不是正確的目標。能不能不要再那麼努力去試著過得很好，而是單純地……活著呢？」

「我不知道你在說什麼。」我回答。

我其實很清楚她在說什麼。她在說的是「痛的感覺」。

我不知道第一次發現痛的感覺是在什麼時候，但十歲的時候，它就已經一直在干擾著我。

那天，我養的貓咪可可爬上我在坐的沙發，用牠的臉輕輕柔柔地摩擦我的臉頰，牠的呼嚕聲好溫柔，讓我不知不覺融化了。可是痛的感覺在這時插手：小心，牠不會活得很久，你很快就要埋葬牠了。

我的外婆愛麗絲每天傍晚都會小聲誦念《玫瑰經》。這個時候，我會認真盯著她。她是宇宙的主宰，在搖椅上，掌控著地球上的一切事物，保護著我的安全。我在她輕輕的搖晃下進入平靜安詳的世界，但痛的感覺出來提醒我：看她的雙手纖薄如紙、青一塊紫一塊。看見她的手在顫抖嗎？

媽媽彎下身給我晚安吻時，我聞到她臉上有乳液的味道。我感覺到身體底下鋪著柔軟的床單，身體四周裹著溫暖的毯子，接著我深深吸進一口氣。但我幾乎不曾平靜地把氣呼出去。痛的感覺用「你知道一切會如何結束，等她離開人世，你就活不下去」來使我麻痺。

我不知道痛的感覺是想要保護我，還是嚇我。我不知道它是愛我，還是討厭我，也不知道這樣是好是壞。我只知道，它的角色是不斷提醒我生命的基本事實：生命會結束，不要太依賴任何東西。所以每當我放得太柔軟、過得太安逸、離愛太接近了，痛的感覺就會跑出來提醒我不要忘記。

它出現時，是一句話（她會死掉）或一個畫面（一通電話、一場葬禮），接著我的身體就會立刻有反應。我身體僵硬、停止呼吸、拉直脊椎、拒絕眼神接觸，把身體側向一旁，不再面對眼前。控制權再次落回我的手中。痛的感覺讓我有所準備、維持疏離和安全。痛的感覺讓我過得很好，換句話說，也就是處在半死不活的狀態。一個活著的人想要保持在半死不活的狀態，是要費很大的工夫的。對我來說，除了下工夫，還要吃進很多東西。我在十歲開始暴食和催吐，從那時起，嗜吃變成是我可以完全逃避真實生活的一種過日子的方式，我全心全意過這樣的生活。暴食症讓我一直很忙碌、疏離，它吸走了我的注意力。我一整天都在盤算著接下來要怎麼大吃大喝，當我找到一個只屬於自己的地方，開始吃喝的時候，那股狂熱會在體內外形成一道兇猛的瀑布，發出極大的聲響，震耳欲聾，再也不會有干擾我的聲音。我忘記一切，沒有了痛的感覺，什麼都沒有，只剩下大吃大喝。然後，等我撐到自己覺得很空虛的時候，我再催吐。又是一道瀑布，它製造更多噪音，我什麼都聽不見，只聽得見瀑布的噪音，直到最後，受盡折磨，癱倒在地，累得沒有感覺，無法思考，無法記得任何事情。太完美了。

暴食症是很私人的事。我得找一種方法，讓痛的感覺在公共場合也能安靜下來。酗酒的作用就在這裡。它可以壓過疼痛，不是阻礙人們互相關心這麼簡單，而是完全阻絕了愛的可能。既然沒有一種情感交流是真的，那就沒有什麼危險情況，需要痛的感覺介入切斷。這幾年下來，我學到，酗酒的附加好處就是，它會在我有能力摧毀人際關係前，先把我的人際關係摧毀殆盡。

二十五歲之前，我經常被警察抓。我每隔一陣子就會咳出血來。家人為了保護自己，都跟我保持距離。我沒有感覺了，我跟活人的世界離得好遠好遠。活人的世界，傻子和被虐狂才要去，我又不傻，我靠生活本身的遊戲規則，去打敗生活。我已經學會用徹底死去的方式存在於世界上，自由得不得了。在我身上，沒有任何東西可以失去，我也幾乎不能算是活著，但老天，我很安全。

我勉強度日，直到後來……

五月的那個早晨，我怔怔看著呈陽性結果的驗孕棒。懷孕讓我好驚訝，但真正令我大吃一驚的，是我自己的反應。我感覺到體內有一股深沉的渴望，我想要懷這個孩子，生出這個孩子，並將一個生命扶養長大。

種種陌生想法使我困惑。我站起身盯著鏡中浮腫的髒臉，心裡頭想：停，等等，什麼？你，鏡子中的人，你根本就不喜歡生命，你自己都覺得沒什麼好活的，你憑什麼突然渴望將生命，好像某種禮物那樣，賦予另外一個人？

我只想得出一個答案：因為我已經愛上這個孩子了。我希望它擁有生命是因為我愛他。那為什麼，我不希望自己擁有生命呢？我也想成為我心愛的生命啊。痛的感覺猛烈席捲而來。*危險！危險！別傻了！*我覺得難以呼吸，在那間廁所裡，髒兮兮的我，渾身難受、不成人形、痛苦不堪，大力喘著氣。但這樣的我仍想成為一名母親。我就是這樣發現，在我體內還有某種東西比痛的感覺還要深沉、真實，而且更有力量。因為有一種更深沉的東西獲勝了。這深沉的力量就是我渴望成為母親的心。我想要成為母親，比我想要維持安全狀態的想法更強烈：我想要成為這個小生命的媽媽。

就在那個地板上，我決定了，我要戒除癮頭，重新回到活人的世界。我心想，自己膽敢做出這樣的決定，或許，有一大部分，是因為昨晚的宿醉還沒清醒吧。我站起身來，搖搖晃晃地走出廁所，進入人生。

人生就跟我記得的一樣：糟糕透頂，難以忍受。

我在這荒謬的時機點上，同時努力當一個活著的人和孕育一個小生命，還身兼三年級學生的老師。每天中午都有好幾種不舒服的感覺找上我，讓我頭昏腦脹——有害喜的不舒服、戒斷症狀，還有因為沒有每天去想逃脫計畫而產生的不安全感。我每天中午帶著班上學生走一段遠遠的路去吃午餐，想偷偷看一眼朋友喬西的班級和她掛在窗戶上的吊牌。那塊吊牌上，有大大的正楷黑字，寫著「我們可以做到困難的事」。

「我們可以做到困難的事」，這句話，變成了我每小時都要念一遍的生存咒語。它為我證明了，依憑生命給出的愚蠢條件生活確實不容易。不是因為我軟弱、有缺點或在某處轉錯了彎，才那麼辛苦，人生很難是因為活著本來就很難。身而為人，我歷經千辛萬苦，才終於踏上人生的正軌。「我們可以做到困難的事」，這句話表明了，我可以也應該要忍住困難，因為，留下來可以得到獎勵。我還不知道獎勵是什麼，但獎勵就在那裡的感覺很真實，我想弄清是什麼。我們，這兩個字特別令我感覺安心，我不知道「我們」是誰，只需要相信，在某個地方有「我們」。這個我們會在我挑戰困難時，助我一臂之力；或者在我與困境搏鬥時，他們也一樣在度過自己的難關。

剛開始戒癮的階段，我就靠著這麼做活下來。那段時間很漫長，痛的感覺重新找上我。我每幾分鐘就對自己說一次：這很困難，我們可以做到困難的事。然後去做。

時間快轉十年，我生了三個孩子，有老公，有房子，還有前途無量的寫作生涯。我不僅是戒除癮頭的正直公民，還是一個滿稱頭的人，真的。大家都說，我是個成功的人。那段期間，有一次我辦簽書會，一名記者走向我爸爸，指著等待見我一面的長長人龍說：「有這樣的女兒，你一定很驕傲。」我爸爸看著那位記者說：「老實說，我們真的很慶幸她沒有落到吃牢飯的下場。」我們都很慶幸我沒有吃牢飯。

某天早上，我站在更衣室裡，準備換衣服。我的電話響了。接起電話，是我妹妹打來的。她一字一句，用力咬字，話說得很慢，因為她開始陣痛了。她說：「老姊，我要生了，寶寶要出來了。你現在可以飛到維吉尼亞來嗎？」

我說：「好，我可以，我會過去！我馬上過去！」然後我掛上電話，盯著層架上一大疊牛仔褲，不確定接下來該做什麼。十年來，我學會做到許多困難的事，卻連訂機票這麼簡單的事都不會。平常都是妹妹替我把簡單的事做好。我一想再想，判斷這個節骨眼上，可能不太適合打回去問她，飛機票怎麼買比較划算。我又想了一下，開始思考有沒有誰的姊妹能幫我。然後電話又響了。這次是我媽媽打來的。她也說得很慢，把字咬得很清楚。她說：「親愛的，你得馬上來俄亥俄一趟，該跟外婆告別了。」

我沒有接話。

她說：「親愛的？你在嗎？你還好嗎？」

格倫儂，你今天好嗎？

我還在更衣室裡，盯著我的牛仔褲堆看。回過神來第一個念頭是：我有好多牛仔褲。

接著，痛的感覺變得真實起來，它在敲我的門。我的外婆愛麗絲快要死掉了。媽媽打電話要我飛過去「迎接」死亡。

格倫儂，你今天好嗎？

我沒有回：「媽，我很好。」

我說：「我不好，但我會過去。我愛你。」

我掛上電話，走向我的電腦，用Google搜尋「怎麼買飛機票」。我不小心買到三張票了，但我還是很替自己感到驕傲。我走回更衣室，開始打包。我一面打包，一面看著打包的自己，那個看著一切的我說：哇，瞧你，你在行動了，像個大人一樣。別停，別去想，繼續動就對了。我們可以做到困難的事。

想不到，現在痛的感覺竟然從一種概念，變成了現實。我還算鎮定。顯然，比起等鞋子掉下去，處理已經掉下去的鞋子，比較不會使人麻木。

我打電話給妹妹，告訴她我得先去俄亥俄一趟。她已經知道了。媽媽到克里夫蘭機場接我，載我到養老院。一路上我們都沒說話，互相溫柔以待。沒有人刻意去說自己很好。到了那裡，我們穿越吵雜的大廳，再走過散發消毒劑味道的走廊，進入外婆那間溫暖、昏暗、滿是天主教擺設的房間。經過她的電動輪椅時，我注意到，輪椅上的「高速」按鈕被灰色布膠帶遮住了。那是因為，她曾經在走廊上橫衝直撞，嚇到其他住戶，失去使用這顆按鈕的權利。我在外婆床邊的椅子坐下，用手觸摸床頭几上的聖母雕像，還有垂掛在聖母手上的深藍色玫瑰念珠。我瞥了一眼桌子後方，看見那裡掛了一幅以俊帥牧師為主題的小型月曆。當月牧師穿著全套祭衣，露出帥死人不償命的微笑，想來是為某個募款目的拍攝的月曆。外婆向來看重公益活動。

媽媽站在我身後好幾十公分遠的地方，給我和外婆獨處的時間和空間。看著我一樣一樣摸過她媽媽的東西，她心裡一定很清楚，徘徊不去的手指，在我心底勾起了哪些回憶片段。我這一輩子，從來沒有像那一刻這麼痛過。

媽媽知道，她的女兒準備要和她的媽媽道別，她的媽媽要和她的女兒道別了。外婆把手伸向我，手搭在我的手上。雙眼深深望進我的心裡。

那個當口，痛的感覺強大得難以抵抗。我生疏了。我的身體沒有僵硬，我沒有止住呼吸，也沒有把視線移開，而是鬆開緊繃的身體，把自己交給痛的感覺。剛開始，痛的感覺讓我想到，在不久的將來，有一天，角色會轉換。我會取代媽媽的位置，看著我的女兒向我媽媽道別。然後，再過不久，會變成我的女兒看著她的女兒向我道別。我腦海中跑過這些念頭。我看見畫面，也感覺得到。那是令人傷心又深刻的感受。

痛的感覺繼續帶領我往前，現在，我來到另外一個地方。我在痛的感覺裡面。我在「愛、痛苦、美、溫柔、思渴、道別」揉雜的巨大疼痛裡。我和外婆、媽媽一起在這裡面。突然之間，我理解了，我是和其他所有人一起在這裡。不知怎麼地，我和曾經生活、曾經愛過、曾經失去過的每一個人一起在這裡。我進入了我以為是死亡的地方，結果那裡就是活著。我進入痛的裡面，但我在那裡找到了大家。我向寂寞的痛投降，結果發現了「不」寂寞。就在那裡，在痛裡面，有每一個曾經期待迎接孩子、曾經握住臨終祖母的手、曾經向摯愛道別的人。我在這裡，和大家在一起。這就是我在喬西的吊牌上看見的「我們」。痛的感覺裡有「我們」。我們可以做到困難的事，例如活著，例如深刻地愛，例如放開一切。因為我們在做這些困難的事情時，曾經在地球上睜開雙眼、展開雙臂、敞開心胸的人，都在我們的身旁。

痛不是缺陷。痛是我們相遇的地方，它是勇者俱樂部。所有付出愛的人都在那裡，你隻身前往，在那裡遇見世界。痛就是愛。

痛的感覺從來就不是要警告我：會結束的，離開吧。她在說：會結束，留下來吧。

我留下來了。我握住外婆愛麗絲．佛萊赫提纖薄如紙的雙手，摸了摸外公去世二十六年後她仍戴在手上的婚戒。她說：「親愛的，我愛你。」我說：「外婆，我也愛你。」她說：「替我照顧好小寶寶。」

就那樣。我沒有說什麼了不起的話。原來，有許多道別，都是在撫摸東西的時光中渡過：有玫瑰念珠、雙手、回憶和愛。我吻了吻外婆，用我的雙唇去感受她溫暖柔軟的前額。然後我站起身來，走出房間。媽媽跟著我走出去，在踏出房門時，把門帶上。我們站在走廊上擁抱對方，激動顫抖。我們一起完成一趟很棒的旅程，去到勇敢的人去的地方，這件事改變了我們。

媽媽載我回到機場。我搭另一架飛機前往維吉尼亞。爸爸在那裡接我，一起開車到接生中心。我走進妹妹的房間，她從床上把視線投射過來，又低下頭看臂彎裡的襁褓，然後再一次看向我。她說：「姊，這是你的外甥女愛麗絲・佛萊赫提。」

我把愛麗絲寶寶抱進懷裡，一起坐進妹妹床鋪旁邊的搖椅。我先摸了摸愛麗絲・佛萊赫提的雙手。纖薄如紙，青一塊紫一塊。接著，我的注意力轉向那雙灰藍色的眼睛。她的雙眼直直盯著我。這對眼睛，彷佛宇宙主宰的雙眸。它們在對我說：哈囉，我在這裡，生命會延續下去。

自從戒除癮頭，我就再也沒有動力去回答平淡又客套的「我很好」了。哪怕是一刻，也沒有。有些時候，我過得很艱辛，心裡很害怕，也有一些怒氣。有些時候，我情緒高張，有些時候，我很平靜。有些時候，我感受到使人耗弱的憂鬱和焦慮。但更多時候，我經歷著驚喜、驚奇、從心底油然而生的喜悅。痛的感覺一直提醒我：這些都會逝去，腳步要跟緊。

我一直活著，活到現在。

鬼魅

你必須改變自己的想法，不要再去想人生應該很容易。

我生來有點殘缺，也多了點敏感。

——我在第一本自傳亂說的話

二十歲的我，相信在某個地方，有一個完美的女人。她美美地睡醒，不會浮腫，擁有潔白無瑕的肌膚和蓬鬆秀髮，個性大膽無畏，擁有令人稱羨的愛情，沉著冷靜，又有自信。她的人生過得……很輕鬆。這個女人纏著我不放，有如鬼魅，我好努力、好努力，好想要變成她。

三十歲的我，朝那個鬼魅比出中指。我不再想要成為完美的女人，我決定要「讚揚自己的不完美」。我聲稱自己有了新身分，我就是個爛人！我對所有願意聽我講話的人說：「我一團糟，以此為傲！我就喜歡這個爛到爆的自己！我是殘缺的人，也很美麗！去你的完美女人！」

問題是，那時的我仍然相信有一個理想人類的樣子，而我不是那個理想的人；問題是，我仍然相信鬼魅。我所下的決心，是不再追求完美，去過無視完美的人生。反抗和順從同樣是牢籠，表示你的人生是在回應別人的生活方式。你不是去打造自己的人生。自由並非贊成或反對某種理想，而是從無到有，以自己的方式在世界立足。

幾年前，我出第一本自傳，接受歐普拉的訪問。她翻開書本，對著我朗讀由我自己寫下的文句：我生來有點殘缺。接著停下來，從書頁中抬起頭問：「你還會那樣描述自己嗎？用殘缺來形容自己？」她的雙眼閃閃發亮。我看著她說：「其實，我不會再那樣形容自己。那樣說太荒謬了。難怪耶穌寫字要寫在沙地上。」

殘缺的意思是：無法依照原本的功能運作。

一個殘缺的人，是指無法依照人類原本的功能運作的人。我想了想自己身為人的經驗、對我掏心掏肺的人們的人生經驗，以及我試著了解過的歷史人物或現代人物的經驗，我發現，我們似乎都以同樣的方式運作著：

我們傷害別人，也被人傷害。我們覺得被別人孤立了、羨慕別人、覺得自己不夠好、難受、疲憊。我們有尚未實現的夢想和深深的懊悔。我們很確定自己應該得到更多，也很確定自己根本不配擁有某些人事物。我們感受到狂喜，接著陷入麻木。我們希望父母能更稱職，我們希望自己是更稱職的父母。我們背叛別人，也被人背叛。我們說謊騙人，也被別人的謊言所騙。我們告別寵物和某個地方，也告別人生的摯愛。我們是如此地害怕死亡，也害怕活著。我們會愛上別人，也不再愛了；別人會愛上我們，也會不再愛我們了。我們心想，或許那晚發生的事，會讓我們以後被人觸碰都覺得害怕。

我們生活在膨脹的憤怒裡。我們費盡心力、傲慢自大、貧乏空洞、殷勤獻媚。我們愛自己的孩子、渴望擁有自己的孩子，也不想要孩子。我們對自己的身心靈開戰，也彼此開戰。我們心想，那些事，要是他們還在的時候就說出口能有多好。他們還在，但那些事，我們還是沒說出口。我們知道自己不會開口。我們不了解自己。我們不明白自己為何會傷害心愛的人。我們希望得到原諒，但我們卻無法原諒別人。我們不認識上帝。我們相信，也全然不信。我們孤單寂寞，又想要獨處。我們想要有歸屬感。我們想要被愛，我們想要被愛，我們想要被愛。

如果這是我們共同的人生體驗，那麼，我們怎麼會覺得，另外存在一個更棒、更完美、一點殘缺也沒有的人生呢？我們大家看齊的那個「正確」運作的人在哪裡？她是誰？她在哪裡？如果她的生活沒有這些，那她的生活有什麼？

我明白了，我的問題不在於我不是一個夠好的人。從明白的那一刻起，我就自由了。我的問題在於我不是一個夠好的鬼魅。反正我不必當個鬼魅，那我就一點問題也沒有。

如果你因為太痛苦、太生氣、太渴望、太迷惑，而無法安心自在，你不是有毛病，你是在活著。人生的困難並非來自於你做得不對，人生很難，正是因為你做對了。你永遠無法改變人生很難這件事，所以你必須改變自己的想法，不要再去想人生應該很容易。

我不會再說自己殘缺、有瑕疵或不完美。我要停止追逐鬼魅，因為那樣的追逐使我疲憊。也因為，我不再是相信鬼魅的女子了。

請允許我用新的文句描述自己：

我四十歲，臉上長毛沒有拔掉，我有痛苦的感覺，也有矛盾，但我完美無瑕，沒有殘缺。這就是最好的狀態了。

沒有什麼糾纏著我。

笑容

別叫我微笑。我不會去討別人歡心。

兩年前的聖誕節，妹妹和我送爸媽一張支票，付錢讓他們去巴黎玩。他們實在太感動、太驕傲了，所以沒有兌現那張支票，而是把支票裱起來，掛在他們的客廳牆上。今年我們加碼，買了四張前往巴黎的機票，決定自己帶爸媽到他們朝思暮想的城市一遊。我們住在一間俯瞰艾菲爾鐵塔的小公寓裡。我沒有去過歐洲，深受這般美景吸引。

巴黎是一座優雅的老城市。身處其中，我覺得自己既優雅又年輕。對於我們美國人的傲慢和狂暴，也終於釋懷了。在巴黎，隨處可見古老的浴池遺跡、斷頭臺和千年以上的教堂，人類的錯誤與美像一幅壁畫在我們面前展開。在美國，我們還是很新的人，妄想自己可以征服和變節。我們還想當「第一個」去做這、做那的人。你能想像嗎？我們都會爭取父母的關注，但美國沒有父母，所以我們總是有些緊張不安。巴黎不會，巴黎是個從容不迫的地方，凡事了然於心，不輕易驚慌。我在巴黎的每一處，看見領袖來去、建物起落、革新起始的證明——不論多麼宏偉，最終都將消失。巴黎在說：人生在世如此短暫，我們或許也能坐下來，品嘗一杯香醇的咖啡、一塊可口的麵包，在知心人的相伴下，佇足良久。在這裡，你有更多時間好好當一個人。或許是因為，這裡有比較多的時間，讓你去學習如何當一個人。

我們到羅浮宮參觀，走進〈蒙娜麗莎〉畫像展示廳，發現那裡有數百人圍繞著她，互相推擠、彼此碰撞，忙著自拍。

我站在遠處觀看，想欣賞蒙娜麗莎的美。我真的不明白，為何要這樣爭先恐後、亂成一團。我懷疑那些撞來撞去的人真的看懂了嗎？還是他們只是假裝看得懂。

這時，有一名女子朝我走過來，站在我旁邊。

她說：「你知道嗎？蒙娜麗莎的笑容有一種解釋。你想聽聽看嗎？」

「好啊，請說。」我回答。

「蒙娜麗莎和先生失去了一個寶寶。後來，她的先生請達文西來畫這幅肖像，慶祝他們又生了一個寶寶。蒙娜麗莎坐著讓達文西作畫，可是她都不笑，整個過程沒有露出笑容。故事發展到後面，達文西要蒙娜麗莎笑得開心一點，但她依然拒絕了。她不想讓剛生下寶寶的喜悅，抹滅失去第一胎的痛苦。她似笑非笑的表情，傳達出她的喜悅打了折扣。又或者，那樣的表情是因為，她滿心歡喜，同時滿心悲痛。這副表情，來自一個美夢剛剛成真，內心卻仍懷抱破滅之夢的女人。她想用臉上的表情呈現出自己的一生。她要大家記在心裡，所以沒有假裝很快樂。」現在，我明白大家為何要爭先恐後了。蒙娜麗莎是代表真誠、堅定、完整女性的守護神——這位女性充滿情感，也充滿覺知。她在對我們說：

別叫我微笑。

我不會去討別人歡心。

即使我被困在這二度空間裡，你依然看得見真相。

你會從我的臉上看見，我的人生既殘酷又美麗。

而世人將難以不去凝視這樣的臉龐。

目標

從現在起，我們不必當個好人。我們可以是自由的人。

懷上崔斯後，我戒酒、戒毒，也戒掉了催吐的習慣。我覺得，這是我停止當壞人、開始當好人的最後機會。我是個好太太，我嫁給崔斯的爸爸，學會煮飯、打掃和假裝高潮；我是個好媽媽，我生下三個寶寶，把他們的一切需求放得比我自己的需求還要前面很多，讓我完全忘了自己也有需求；我是個好基督徒，我開始上教會和學會懼怕上帝，也學會不多加質疑聲稱代表上帝的人。我緊盯美妝趨勢、染頭髮，把美容針打進前額皮膚，不想在拚命積極變美的途中顯露疲態。我開始寫作，出了幾本暢銷書，在全美各地辦售票活動，對滿室的聽眾演講。一個女人，如果不把事情做好，就沒有資格過得很好，所以我一味地想要替世界做好事。我為傷痛中的人們募得數千萬美元，十年來，為了回信給陌生人，沒有睡過一夜好覺。

他們說，格倫儂，你是個好女人。

沒錯，我是個超棒的女人，但我也累壞了，覺得焦慮和迷失。我以為，是我還不夠好，要再努力一點才行。

後來老公出軌了。我收到這份尷尬的禮物，被迫面對，即便是個好太太也不見得能維繫婚姻；即便是個好媽媽也不見得能讓孩子免於傷痛；即便是能拯救全世界的強者，也不見得能拯救自己的世界。

當個糟糕的人差點害我送命，但為了當個好人，我也差一點死掉。

有一次，我和一個很要好的朋友聊天。

她說：「格倫儂，你記得作家史坦貝克（John Steinbeck）那句很有哲理的話嗎？『從現在起，你不必很完美，你可以是個很好的人。』」

它在我的書桌上放了好多年。昨晚我又看了看這句話，心想：我厭倦當個很好的人了，真的好累。

我們把這句話改一改吧。

從現在起，我們不必當個好人，我們可以是自由的人。

亞當和艾莉西亞

「我他媽的想做什麼，就做什麼。」就該這樣。

幾年前，歌手艾莉西亞．凱斯（Alicia Keys）告訴全世界，她不想再化妝了。她說：「我不想再遮遮掩掩了。我不要遮住自己的臉，也不要遮住我的心、我的靈魂、我的想法、我的夢想和我的掙扎，毫不遮掩。」

我心想，就該這樣。

又過了一陣子，我讀到一篇魔力紅樂團主唱亞當．李維（Adam Levine）的專訪文章。他說，有一次他和艾莉西亞一起上節目，他偷偷跑到艾莉西亞的更衣間，當時艾莉西亞背對著他，傾身靠近鏡子，正在化妝。

亞當笑說：「喔！我以為艾莉西亞．凱斯不化妝了。」

艾莉西亞轉過身，看著亞當。

手上拿著口紅說：「我他媽的想做什麼，就做什麼。」

就該這樣。

穿耳洞

你該做的是忠於自己。那樣你就不會忘記，真正站在你這邊的人會喜歡你和愛你。

我的兩個女兒很不一樣。緹許小時候，我還一心想當好媽媽。但後來，我累了。等艾瑪從產道蹦出來，我只給了她一臺 iPad，希望她能就此平安長大。這樣的教養方式（算是一種退居幕後？）很適合她。你可以說艾瑪「很獨立」，也可以說她「自立自強」。艾瑪想穿什麼就穿，想說什麼就說，想做什麼，大部分都會直接去做。她創造了自己，對於「自己」這個超棒的發明，她非常滿意。

最近有一次，我們坐在餐桌旁，緹許講到自己得多加練習，才能成為一名厲害的足球員。我們問艾瑪是不是也覺得該加強練習。艾瑪咬了一口披薩說：「才不，我已經很厲害了。」她今年十二歲，實際上可能十一歲吧。我生三個孩子，小孩子每一年都在長大，我只知道，他們目前約莫處在爬行和上大學之間的完美階段。

幾年前，我過著水深火熱的日子，不知道究竟該挽救還是終結婚姻。就在那時，兩個女兒開始央求我讓她們穿耳洞，讓我轉移注意力，真是謝天謝地。所以我答應女兒，帶她們到購物中心穿耳洞。走到穿耳櫃位時，艾瑪搶先一步踏進店裡。她直接跳上椅子，大聲告訴一臉驚訝的二十多歲店員：「打吧。」等我終於追上去，店員轉過頭問說：「你是她的媽媽嗎？」

我說：「應該是吧。」

「好，你希望我一次穿一個耳洞，還是兩隻耳朵同時穿？」

艾瑪說：「同時，打吧！來打吧！」接著，艾瑪瞇起眼、咬牙切齒，繃緊全身的肌肉，活像迷你版的浩克。我看見艾瑪在店員穿耳洞時，快速用手抹掉幾滴淚。我看著艾瑪心想：她真棒，再過六年，她就是個成人了。她從椅子跳下來，興奮地活蹦亂跳。

穿耳店的女性員工笑說：「哇！她好勇敢！」

緹許站在我旁邊，看著這一切發生。她用動作示意我朝她彎下身體，然後她小聲對我說：「媽媽，其實，我改變心意了。我不想今天穿耳洞。」

我問：「你確定嗎？」

她看向艾瑪的耳垂：腫得像兩顆聖女小番茄。

艾瑪說：「緹許，拜託！你這輩子只活一次耶！」

緹許說：「為什麼大家做危險的事情之前都會說這句話？我們也可以說『你這輩子只活一次，別太早死掉』，對吧？」

然後她回頭看著我說：「我確定。」

店員轉向緹許說：「親愛的，換你了。」

我讓緹許自己開口。她說：「不了，謝謝。我今天還沒準備好。」

店員說：「喔，拜託！你辦得到的！拿出勇氣來！看你的妹妹，多麼勇敢！」緹許看向我這邊。我用力握了握她的手，一起離開那裡。她覺得有一點羞愧，而我則是有一點惱怒。

我認為勇敢不是我們一直以來說的那樣。

我們告訴孩子勇敢就是「儘管感覺害怕，還是要去做」。可是，我們真的希望孩子大以後，仍然接受這樣的定義嗎？

等她長到十七歲了。她說要搭好朋友開的車出門看電影，結果是去巷尾參加啤酒趴，你能想像自己對她大喊：「寶貝，再見！今晚要勇敢喔！意思是，當你落入可怕的情境，你對朋友們鼓勵你去做的事感覺害怕時，我要你別管害怕的感覺。總之，你就去**做！忽略本能，拚了命去做就對了！**」

不。我不想要孩子這樣理解勇敢。我不想要孩子為了取悅眾人，而放棄自己。勇敢的意思不是感覺害怕還要去做。

勇敢的意思是由內而外活著，勇敢的意思是在每一個不確定的時刻，向內探求，去感受知道的感覺，並大聲說出來。

覺知很具體，覺知屬於個人，覺知會不停變化，勇敢也是。外人無法評判你是否勇敢。有時候，當個勇敢的人表示，你必須讓大家以為你很懦弱；有時候，當個勇敢的人表示，你要讓除了自己以外的每一個人失望。艾瑪經常這樣展現勇敢：大聲表達、直接去做。緹許經常這樣展現勇敢：安靜等待。她們都是勇敢的女生，因為她們都接受最真實的自己。她們的內在感受和覺知，以及她們的外在言語和行為，並無二致。她們擁有統合的自我，完整健全。

那一天，緹許表現得非常勇敢，因為她必須力抗群眾壓力，才能維持自身的健全。比起其他人的意見，她更相信自己的聲音。勇敢不是問大家什麼是勇敢，勇敢是自己作主。

從購物中心回家的路上，我說：「緹許，我知道那位女士今天讓你覺得自己很不勇敢。大家對勇敢會有不一樣的想法。你做的事情很勇敢，因為勇敢就是去做心中那股知道的感覺要你去做的事。你不必問別人什麼叫勇敢，你會自己感受和知道什麼是勇敢。你心中知道該做的事情，有可能會跟別人要你做的事情相反。當大家給你壓力阻止你，你得拿出非常大的勇氣，才能彰顯真正的自己。舉白旗投降簡單多了。但你今天沒有屈服於大家給你的壓力。你堅持自己的感受和你知道的事。我覺得那樣最勇敢了。那是真正的自信，代表你忠於自我。緹許，那就是你行走世界所需要的東西——信心。不管當下別人說『勇敢』是什麼，你都要忠於自己。

「如果你一直帶著信心過生活，接下來的人生就會如實開展。人生不見得總是好過。有些人會認同你的勇敢，有些人不會。有些人會了解你、喜歡你，有些人不會。但是別人怎麼回應你的信心，不關你的事，你該做的是忠於自己。那樣你就不會忘記，真正站在你這邊的人會喜歡你和愛你。你就永遠不會為了那些你不隱藏或假裝就會失去的人，被迫隱藏自己或假裝成別的樣子。」

勇敢就是寧願放棄一切，也要忠於自我。

這是有自信心的女孩給自己的承諾。

友誼

我們不會虧欠對方任何東西，只有欣賞、尊重和愛。

我和小莉要在西部某地舉辦的同一場活動上演講，在機場認識了彼此。那天，搭了一整晚的飛機終於抵達目的地的我，來到一棟小航廈，發現等待接送至會場的講者統統圍成一圈站著，只有我一個人站在外面。我好討厭大家總是圍成一圈。要是站成一個U字形，連不善交際的外人，也有順利融入的空間，該有多好？

這時候，一名女子從行李提領處走過來，在我身旁站定。我朝她微笑，但沒有開口說話，這是我的尷尬場面應對之道。她也對我微笑，但意思和我不同。我的笑容在說：「哈囉，我是個溫和有禮貌的人，但我沒空。」有如終止一切的句號。小莉則是慢慢露出一個開誠布公的微笑，像問號。

「嗨，我是小莉。」

我說：「我知道，我很喜歡你的書。我叫格倫儂。」

「喔，天啊！我認識你。我也很喜歡你的書。你從哪裡飛來？」

「我住在佛羅里達那不勒斯。」

「那裡居住環境怎麼樣？」

「步調很慢，是退休人士居住的城市。要我說吧，我那個社區，平均年齡八十歲。最酷的一點是，我的朋友現在大部分都要四十了，每個都在擔心自己顯老，我就不擔心，我覺得自己狀態超棒，像年輕小丫頭。我到健身房去，看看身邊的阿公、阿嬤，心想：『其實我一點都不需要健身。我看起來棒極了。』只是看事情的角度不一樣，對吧？我都跟朋友說，不需要打什麼肉毒桿菌，搬來那不勒斯住就好了。」

小莉說：「棒呆了。那你是在什麼因緣際會下住到那裡？」

「幾年前我因為罹患萊姆病引發神經病變，身體功能無法正常運作，在床上躺了兩年，每天吞五十顆藥。我到朋友位於那不勒斯的家留宿時，感覺病況好多了。我在那裡住一陣子就停藥了，所以我就待了下來。我一直很清楚，自己想要住在海邊。我猜，我們女人，總是要到快死了，才能允許自己過想要的生活。」小莉把手放在我的手臂上，她說：「等等。哇！你剛才說的最後一句……總是要到快死了……你能再說一遍嗎？」

我說：「不行耶，我有一點緊張，我不知道自己剛才說了什麼。」

她微笑著說：「我喜歡你。」

「我也喜歡你。」

隔天晚上，我和其他與會者一起去聽小莉演講。我早早就到了，找了前排邊邊的位子坐下——這是一個可以近距離看她，卻不會近到讓她清楚看見我的位子。她身穿一件有白色立領的黑襯衫，站在講桌後方，讓我聯想到正在布道的牧師。她開始演講時，我發現自己屏住了呼吸。她的語氣溫柔又有權威。有一個坐在前排的男人一直在跟旁邊的女人講話，小莉直接停下講到一半的話，轉向他，要求他不要再講話，他就沒有再說了。小莉說話的方式、舉手投足，讓我的心臟撲通撲通，跳動得比平常更快。她看起來沉著穩健、輕鬆從容、不卑不亢。她在開創新世界。她在做自己。我想問她：「能不能把剛才的話，統統再說一遍？」

隔天晚上，所有講者都要到位於山頂上的滑雪小屋，參加一場別出心裁的晚宴。落地窗外雪花陣陣飄送，室內的人們也忙哄哄地，想要找個好位子站，和尋找值得交談的重要人物。

我看見小莉在屋內一隅，身邊圍著一群人。一般來說，我不太會去打擾我欣賞的人，這是我表達尊敬的方式。但我那晚一反常態，朝她的位置走了過去。她看見我的時候笑了笑，彷若初次見面。我再往前走，擠進人群。圍在那裡的人接連提出一個個問題，逼著小莉給建議，好像她是一臺投幣式販賣機。真想過去踩他們一腳。

過了一會兒，晚宴主人走過來對小莉說：「該坐下享用晚餐了。我帶你到餐桌那邊，好嗎？」

小莉指著我問：「我可以和朋友坐在一起嗎？」

女主人一臉緊張地向小莉表示歉意。

「抱歉，我們答應捐款人你會跟他們同桌。」

她說：「好。」愁眉苦臉的樣子。

她捏了我的手臂一下說：「我會想你的。」

晚餐時間我在想，我真的很喜歡小莉，不能當朋友實在太可惜了。但如果我試著去跟她交朋友，那我就是在故意開空頭支票。我不是很稱職的朋友。我一直沒有辦法，也不願意去遵守交朋友的規範，像大家那樣盡心盡力維繫友情。我記不住別人的生日，也不想喝咖啡聊天。我不辦產前派對。我不會回簡訊，因為我覺得，簡訊就像兩個人沒完沒了地，把乒乓球打過來又打過去，永遠不會結束。我總是令朋友失望，所以好幾次以後，我決定了，我不要再嘗試了。我不想一直虧欠別人。我覺得沒有關係。我有妹妹和小孩，還有一隻小狗。人不能什麼都想擁有。

活動結束，幾星期後，小莉寄來一封電子郵件，說我們應該要試著交朋友。隨信附上一首詩：

我尊敬你的神，
我飲用你的井水，
我帶著毫無防備的心來到見面處。

我並未預設美好結果，
我不會以退為進，
我不因挫敗而退縮。

她給了我一張關於友誼的新記事條：我們之間沒有必須遵守的規範，沒有義務或期待。我們不會虧欠對方任何東西，只有欣賞、尊重和愛——而且這些已經存在了。於是我們成為了朋友。

又過了一陣子。我邀請小莉來家裡小住。那時我才剛認識艾比不久，每天過著魂不守舍的日子。這是我有生以來第一次深陷愛情，這件事，除了妹妹之外，我對誰都沒說。第一天晚上我和小莉熬夜熬到很晚，什麼都聊了，就是沒有聊到我絕望的心、疼痛的身體和昏沉的腦袋。

隔天一早，鬧鐘五點半就響，但沒關係，因為我也睡不著了。我翻過身，踮起腳，悄悄走進廚房，不想吵醒睡在樓上的小莉。我把咖啡拿到外面，站在後院。天色還很暗，空氣很冷，地平線的一抹微紅，暗示著太陽即將升起。我站在那裡，盯著天空看，然後像我遇見艾比以後，每天都在做的那樣，我在心裡想著：拜託，救救我。

那一刻我想到一則故事。有一個女人被困在冰封的山頂。她拚命祈禱，希望能被上帝拯救，不會凍死。她向天空呼喊：「上帝，如果祢存在，請救救我吧！」

過了一陣子，有一架直升機在山頂盤旋，向她垂降一條梯子。

女人說：「不，走開！我在等上帝！」

後來又有一名巡山員經過，問她：「姊妹，需要幫忙嗎？」

「不，走開！我在等上帝！」

這名女子後來被冷死了。她怒氣沖沖地來到天堂的門口。她質問：「上帝，為什麼？祢為什麼讓我死掉？」

上帝說：「親愛的，我派出一架直升機，派出一名巡山員，你到底在等什麼？」

我心想：我就快要凍死了，而我欣賞、信任又很愛的朋友，天殺的剛好又是世界知名精神導師的伊莉莎白．吉爾伯特（Elizabeth Gilbert），正在樓上睡覺。或許小莉就是我的巡山員[2]。

小莉起床後，看見我身穿睡衣坐在樓梯下方，流著淚，一副絕望、卑微的模樣。

我說：「我需要你。」

她說：「好的，親愛的。」

我們一起坐到沙發上，然後我把事情一五一十告訴她。我說了我和艾比認識的過程，說了我們這幾週通電子郵件感情升溫，說了我們的信件往來感覺就像輸血。每一次讀信和寫信，血管都注入了新鮮的生命。我告訴她，這一切有多荒謬、不可能實現。聽

2 伊莉莎白．吉爾伯特是暢銷書《享受吧！一個人的旅行》（*Eat, Pray, Love*）的作者。

見這些話從我自己的嘴巴裡冒出來，感覺非常刺激，又很可怕，就像跨越某個再也無法回頭的地方。我以為她會很吃驚，但她沒有。她的眼睛散發光芒，以一種帶著有趣的慈愛眼神看我，溫柔的雙眼，透著笑意。不知怎麼地，她看起來好像鬆了一口氣。

我說：「這件事行不通的。」

她說：「或許行不通。又或許，那只是一扇長成艾比的樣子的門，邀請你離開再也不夠真實的生活。」

我說：「會毀了克雷格。」

她說：「親愛的，沒有一種解脫是單向的。」

我說：「你能想像，這會對我的父母、朋友和職業生涯造成多大的混亂嗎？」

她說：「是的，你愛的每一個人，都會因此度過很長一段無法自在過活的時間，或許是這樣吧。哪一種比較好呢？令人不自在的真相，還是令人自在的謊言？即便真相令人不自在，但說出真相，就是一種仁慈之舉；而謊言就算能使人安心，你每一次隱瞞真相，就是做了一次不善良的事。」

我說：「我幾乎不認識她。」

她說：「但你很了解自己。」

我說：「如果我為了她離開家庭，結果兩人卻不是真心相愛呢？」

她看著我，沒有再回話。

我們靜靜地坐在一起。她帶著愛，輕輕握住我的手。

我說：「我是真的。我的感受、我想得到的、我所知道的，統統都是真的。」

小莉說：「是的，你是真的。」

能認識像這樣一名自由的女子，我真的很有福氣。她有時會來我家坐坐，為我舉起一把鏡子，幫我想起自己是誰。

艾芮卡

我寧願丟下所有人，也不丟下自己。我和我自己，我們要至死不渝。

最近我的朋友艾芮卡撥了一通電話到我的手機。我始終不懂，為什麼大家一定要打手機找我。打電話，實在是很有侵略性的舉動。手機一響，我就像口袋著火，嚇得心臟病發作。有一個小小的警鈴，聲響大作。

我也想趁這個機會，講一下簡訊的事。發簡訊，比打電話好，除非……除非你是那種覺得全世界都有義務要回覆你的人。除非你相信，不管什麼時間，只要你想，可以隨時戳我、敲我，用一個「嗨～」就想闖進我的日常生活，認定我該回應，然後在下次見到我時，擺出一張苦瓜臉，悄悄對我說：「嘿，你還好嗎？一直沒有你的回音……」此時此刻，我有一百八十三封未讀簡訊。簡訊不是我的頂頭上司，發簡訊的人也不是。我早就下定決心，不會因為有人傳簡訊給我，就覺得有義務要回。若不這樣想，我就會整天焦慮地走來走去，覺得自己虧欠於人，忙著回簡訊，無法創作。現在，說完我為何沒朋友了，言歸正傳，來講艾芮卡的事情吧。

艾芮卡和我念同一所大學。她的媽媽在公司擔任高階主管，希望艾芮卡也成為一名高階主管，所以儘管艾芮卡天生有藝術細胞，卻在大學選擇主修商科。艾芮卡討厭上商學課的每一分、每一秒，她每天回到我們的宿舍房間，都得靠畫畫來化解上商學課的沉悶心情。當你是在追隨他人的腳步，實在很難走出一條康莊大道。

艾芮卡畢業後，愛上了一個優秀的男人。她上班工作，資助男人念完醫學系，接著生了孩子，就辭職在家照顧小孩。後來，她告訴我，她想重拾畫筆，打算去念藝術學校。十年來我第一次在艾芮卡的聲音裡聽見興奮和熱情。

我很替艾芮卡高興，所以接起電話。我說：「嘿！校園生活如何？」

她沉默了一會兒，接著說：「喔，那是愚蠢的點子。布雷特很忙，孩子們還需要我。沒多久，我就發現，去念藝術學校好像很自私。」

女人為何覺得，把自己丟在一旁是光榮的事？

女人為何認為，否定自己的渴望才是負責任？

女人為何相信，去做讓我們自己開心不已、有成就感的事，會傷害我們關心的人？

我們為何不相信自己，不相信得如此徹底？

原因就在，我們的文化建立在對女人的控制上，從對女人的控制獲得好處。有權有勢的人會掌控某個群體，透過催眠大眾相信那個群體不值得信任，來合理化自己的行為。他們很早就發動戰爭，無所不用其極地要大家別相信女性。

當我們還是小女孩的時候，家人、老師、同儕強力灌輸，女生大聲講話、提出大膽想法和懷抱強烈感受，都是「過頭」的現象，一點也不「淑女」。我們學到，不能相信自己的獨特個性。

童話故事斬釘截鐵地告訴我們，膽敢離開大路四處探索的女生，會被大野狼吃掉，或被紡錘的針扎到而死。我們學到，不能相信自己的好奇心。

美容產業說服我們相信，我們的大腿、捲髮、皮膚、指甲、嘴唇、睫毛、腿毛、皺紋會引起反感，必須遮蓋和人為介入改變它。於是，我們學到不能相信自己棲身的這副身體。

節食文化告訴我們，控制食欲是建立自我價值的關鍵。於是，我們學到不能相信自己的飢餓感。

政治人物堅稱，我們對身體和未來的判斷不足為信。因此，必須要由那些我們不認識的立法人員，來掌控我們生育或不生育的權利。

法律體制一再向我們證明，即使我們有自己的記憶和經驗，也不足採信。假如有二十名女性站出來說：「是他。」但只要那一名男性說：「我沒有。」他們就會相信他，而去懷疑和汙衊她們，屢試不爽。

在宗教這邊，親愛的耶穌啊，關於上帝和女性，我最早接觸到的故事是亞當和夏娃的教訓。它說：女性膽敢要得更多，就是在公然反抗上帝。她不僅背叛了自己的伴侶，為家人招來詛咒，還破壞了這個世界。

我們並非天生就不相信自己、恐懼自己。那是馴化的一部分。我們被教導去相信，我們天生的模樣很壞、很危險。他們說服我們要去害怕自己。這樣一來，我們就不會推崇自己的身體、自己的好奇心、自己的渴望、自己的判斷、自己的經驗和野心。我們把真正的自己鎖起來。善於讓自己消失的女人，贏得「無私」的最高榮譽。

你能想像嗎？女性的縮影竟然是完全失去自己。

這是每個父權文化的終極目標。因為控制女性最有效的辦法，就是說服女性控制自己。我試著控制自己，控制得太久了。

我花了三十年的時間用化妝品遮掩自己的臉龐，服用藥劑和注射肉毒桿菌來解決皮膚問題。但我後來放棄了。我的皮膚很好啊。

我有二十年離不開吹風機和直髮器，想方設法叫我的自然捲聽話。但我後來放棄了。我的頭髮很好啊。

我有好幾十年陷入暴飲暴食、催吐和節食的循環，想要這樣控制身材。當我不再那麼做時，我的身體成為它本來該有的樣子，也很好啊。

我用食物和酒精麻痺自己，試圖控制自己的怒氣。當我放棄了，我學到，怒意並不代表問題出在我身上，而是有事情出錯了。就在那裡，或許我有能力去改變一些事情。我不再當安靜的和事佬，開始用大聲表達意見來維護和平。我的怒氣，它很好。

我一直被蒙在鼓裡。我身上唯一不對勁的地方其實是我相信自己不對勁。我不再把生命浪費在控制自己，開始相信我自己。我們會去控制自己不相信的事物。我們可以控制自己，也可以愛自己，但兩者只能擇一。愛是控制的反面。愛需要信任。

現在的我很愛自己。愛自己表示我和我自己的關係，以信任和忠誠為基礎。我相信自己，我就是我自己的靠山，我要擁護自己的意見。我要拋開別人對我的期待，不放棄自己。我寧願讓所有人失望，也不讓自己失望。我寧願丟下所有人，也不丟下自己。我和我自己，我們要至死不渝。

世界需要有更多女性停止對自己的恐懼，開始去相信自己。

世界需要一大群脫韁的女人。

海灘小屋

當女人能夠相信自己的欲望、主張欲望有理，我們認識的世界會崩塌。或許，那正是我們需要的。

我最近寫了一些話給我的社群：

讓自己去做你想做的事，你可以相信自己。

有人回：

要我們想做什麼就做，這麼說很不負責任吧？我幾乎每天晚上一回到家，就想喝光一瓶馬里布蘭姆酒。我很確定我不該相信自己的所有欲望。

我有一個朋友，好幾十年了，深深陷在錢不夠用的難關裡。最近她告訴我，有那麼一次，即使自己已經負債累累，她卻差一點就要在海邊租下一間要價昂貴的海灘度假屋。她很明白不能相信這股衝動的欲望，但她實在好想和家人一起到海邊度假，強烈的欲望幾乎壓過心底的覺知。

我問她為何那麼想租下這間屋子，她低頭看著自己的雙手說：「我在社群媒體上看到好多家庭在海邊拍照，他們一起度假放鬆，把該死的手機關掉，單純陪伴著彼此。在我們家，家人之間感情好疏離。孩子們長大的速度好快。湯姆和我再也沒有好好聊過天了。我覺得我們正在失去彼此。我想要踩一踩剎車，希望能跟老公、孩子多說一些話。我想要知道他們的生活大小事。我想恢復到大家一起開懷大笑的生活。」

我的朋友沒有租下那間海灘小屋，而是花兩美元買了一個籃子，放在門廳的桌子上，要求老公和正值青春期的孩子，平日每天晚上，把手機放進籃子裡一小時。一家人開始一起準備晚餐、吃晚餐。吃完晚餐，再一起收拾。起初，大家對這項新措施抱怨連連，但後來，那些不滿被我的朋友心心念念的笑聲、聊天和向心力所取代了。她的籃子變成了兩美元的海灘屋。

所以，那位女士每晚都想喝一瓶馬里布嗎？那只是表面的欲望。我知道那是表面的，因為她的覺知並不相信它。表面的欲望和知道的感覺牴觸。表面欲望出現時，我們必須問：在這個欲望底下，藏的是什麼欲望？是你想要休息了嗎？還是你想找回平靜？

我們的深層欲望，是有智慧、真實、美好的欲望，你可以兼顧知道的感覺，同時滿足它。順著深層欲望往前走，就能讓自己時常回歸完整。如果你感覺欲望不對，請往更深層的地方探索。你可以相信自己。你要做的，是繼續往下，直到夠深為止。

過去十年，我聽了很多女性告訴我，她們最想要的是什麼。以下這些，是女性告訴我，她們想要的東西：

我想要有一分鐘能好好深呼吸。

我想要休息、平靜和熱情。

我想要吃美食，享受真實、狂野、親暱的性愛。

我想要沒有謊言的戀情。

我想要自在地做自己。

我想要有人看見我和愛我。

我想要我的孩子，以及所有人的孩子，都能平安快樂。
我想要所有人都得到公平待遇。
我想要互相幫助、群體生活和情感交流。
我想要被原諒，最後也原諒別人。
我想要擁有足夠的金錢和力量，不再感覺害怕。
我想要在這凡塵俗世找到自己的人生使命，完全活出這份使命。
我想要在看新聞時，少看見一些痛苦，多看見一些愛。
我想要看著生命中出現的人們，真正看見他們、愛著他們。
我想要在看著鏡子時，真正看見我自己、愛我自己。
我想要感覺活著。

天堂的藍圖刻在女人的深層欲望裡。女人想要的東西很好，女人想要的東西很美，女人想要的東西「也很危險」，但這份危險並非針對女人，也不會危害公眾利益。女人想要的東西威脅到的，是此時此刻存在於世上的不公不義。倘若女人打開牢籠，釋放自己：

失衡關係會恢復成平等狀態。
沒有小孩會餓肚子。
貪腐的政府會被推翻。
戰爭會結束。
文明會轉型。

當女人能夠相信自己的欲望、主張欲望有理，我們認識的世界會崩塌。或許，那正是我們需要的。因為這樣我們才能原地重建更真實美好的生命、人際關係、家庭和國家。

或許夏娃的故事不是一種警告，而是我們的學習榜樣。
擁抱自己的想望吧。
吃下蘋果。
讓它燃燒。

溫度

遠離帶給你冰冷感覺的事物，朝能給你溫暖的東西前進吧。

某天早上，我打電話給朋友瑪莎，開始在電話中訴說不能離婚的種種理由，接著開始說起無法維持這段婚姻的一切原因。我一直說、一直說，從每一種角度衡量一遍，想要說服自己，卻把自己給逼到了牆角，在圓圈裡不停打轉。

最後她說：「格倫儂，別說了。你被困在自己的腦袋裡。這一次，你需要的答案不在那裡。答案在你的身體裡。試試看掉進自己的身體裡。現在一面講電話一面試，掉進去，深一點。」

掉進自己的身體裡，開始變成我的人生主題，我照她說的，不斷下沉，往下墜落。

她問：「你到那裡了嗎？」

我回：「應該吧。」

「好，現在想一想兩種決定。沉浸在裡面，好好感受一下。向艾比道別讓你有溫暖的感覺嗎？」

「沒有，其實，感覺很冷。冰透了。我覺得自己好像要冷死了。」

「現在，想像一下你跟艾比在一起。感覺如何？」

「感覺溫暖、輕柔、遼闊。」

「好，格倫儂，你的身體是自然的，自然就是純粹。我知道要你接受很困難，因為你和自己的身體戰鬥很久了。你覺得自己的身體很壞，但它並不壞。它其實很有智慧。心智不要你去做的事情，身體會告訴你。身體會告訴你人生的方向。試著去相信它。遠離帶給你冰冷感覺的事物，朝能給你溫暖的東西前進吧。」

現在，當我察覺危險，我會相信冰冷的感覺，然後離開；當我察覺快樂，我會相信溫暖的感覺，然後留下。

最近有一次我們在開業務會議。我要求一位成員說明下決定的理由。這裡的女性都曉得，我不是要她們證明這麼做是正確的，也不是要她們說明判斷方法或尋求意見。我想知道這個決定是否出自她們的覺知。所以這時做決定的人會告訴我：「我做過研究，在決定之間體會好一陣子。我覺得這個選擇很溫暖，另一種方案很冰冷。」討論到這裡就夠了。我相信，相信自己的女性。

鏡子

她每次看見我，也是在看著她自己。
她在問：媽媽，女人怎麼生活？

我有好長一段時間都在假裝自己「不知道」雖然人生只有一次，我卻把這僅有的一輩子投入寂寞的婚姻關係。

當知道的感覺威脅著要冒出頭，我會用力把它壓下去。沒有道理去承認自己心知肚明，因為我絕對不會去做覺知要我做的事。我絕對不會離開孩子的爸爸。我會就這樣永遠假裝自己不知道。我是一名母親，我必須承擔責任。

國中的時候，老師要我們照顧一顆雞蛋一星期，藉以學習當父母。要在週末之前，把完好無缺的雞蛋還給老師，才會及格。那些一整個星期都把雞蛋留在暗摸摸家裡的同學，成果最好；有些同學的雞蛋則臭掉了，沒錯，反正雞蛋沒破，又有何妨。

我養緹許的方式就好像她是一顆雞蛋。我說：「她好敏感，好脆弱喔。」我替她操心，以為那樣的操心是愛。我保護她，以為那樣保護她的我，絕對是個稱職的媽媽。如果可以，我會把她永遠留在暗摸摸的家裡。她和我一起生活在我筆下的故事，我是故事裡的英雄。我絕對不會讓她碎裂，我會通過為人母的這一課。

我坐在緹許的床上喝咖啡，看著她著裝上學。她正在梳跟《魔髮奇緣》樂佩公主一樣長的頭髮。

我看她看著鏡中的自己，然後，她轉過頭來，對我說：「我的頭髮太孩子氣了，可以剪跟你一樣的髮型嗎？」

我看著鏡中的我們。就在我眼前，我終於看出，緹許不是一顆雞蛋，她是一個正要轉變成女人的女孩。

她每次看見我，也是在看著她自己。她在問：

媽媽，女人該留怎樣的髮型？

媽媽，女人怎麼愛別人、怎麼被愛？

媽媽，女人怎麼生活？

緹許問：「媽，你能幫我把頭髮綁成高馬尾嗎？」

我走進浴室，拿了一個髮圈。然後走回來，站在她身後。我替她把頭髮綁起來好幾百次了，但她突然變得好高，我連她的頭頂都看不到，至少一夜之間長高好幾公分。她還是小嬰兒的時候，每一天都感覺像一年那麼久。現在，每天早上看見她，都覺得她又抽高幾公分。

我看著緹許，心想：

我為了寶貝女兒留在這段婚姻關係裡。

但為了寶貝女兒，我想維持這段婚姻嗎？

眼睛

孩子不需要我去拯救他們。
孩子需要看見我拯救自己。

克雷格和我剛搬到那不勒斯的時候，在出清拍賣會場買了一面超大的銀鏡。我們一直很想掛，卻始終沒把鏡子掛起來，只是靠臥室牆壁擺著。希望看起來像刻意布置、很有品味的樣子。

心理師堅稱我的感覺不真實的那一天，我下定決心要放開艾比，留在這段婚姻裡。既然她是專家，那她就是對的。好媽媽不可能為了順著自己的心走，而傷了孩子的心。

我盤腿坐在臥室地毯上，直視鏡中自己的雙眼。

每隔一陣子好好檢視自己一番，很重要。不是像你對著鏡子穿衣服或化妝那樣看自己，也不是像你對著鏡子查看自己的大腿、晒斑或下巴細毛，不是。我的意思是，你必須直直望入自己的雙眼——檢視自我。你要確認沒有對自己說謊，你要確認鏡子裡看著你的那對眼睛，主人是你所尊敬的女人。

我深深望進自己的雙眼，鏡中的女人和我一起評估了一下。

我問自己：決定繼續拋棄自己，真的是孩子需要你做的事嗎？

自古以來，當女人成為一名母親後，總是以孩子為名犧牲自己。她是最沒有自己的人，也是愛得最多的人。我們習慣這樣認為。我們受到制約，以為要慢慢抹滅自己的存在，才能證明對孩子的愛。

當孩子知道是他們讓媽媽「不再活出自己」，對他們來說，負擔多沉重！假如我們的女兒發現了，當她選擇成為母親之後，有一天也要迎接相同的命運，負擔多沉重！因為當我們讓她們看見，殉道是愛的最高表現形式，她們也會跟著仿效。畢竟，她們會認為自己有義務付出跟母親一樣的愛。母親允許自己活出多少生命力，女兒就會相信自己可以活得有多完滿。

若我們將殉道的傳統不斷灌輸給女兒，要到哪一輩才會停止？哪還有女人活得下去？而且這條死刑的源頭在哪？是婚禮上嗎？是產房嗎？誰的產房——我們生下孩子的產房？還是我們被生下的產房？當我們稱殉道為愛，我們是在告訴孩子，愛的開端代表生命的終結。難怪心理學家榮格會說：父母沒有過自己想要的生活，才是對小孩最大的負擔。

說不定，愛並不是為了心愛的人讓自己消失，而是為了心愛的人展現自己？說不定，媽媽的責任是要教導孩子，愛不是把對方鎖起來，而是讓對方自由？說不定，稱職的媽媽其實不是向女兒示範如何緩慢死去，而是讓女兒看見，直到死去那一天，她的身上都有一股狂野的生命力？說不定，母親的天職並非殉道，而是當孩子的楷模？對吧？

我坐在地板上，就在那裡，我深深望進自己的雙眼，讓覺知浮現和停留。

孩子不需要我去拯救他們。

孩子需要看見我拯救自己。

我不要再拿孩子當不勇敢的藉口，我要開始把他們當作勇敢的理由。我會離開他們的爸爸，我有可能會得到伴隨友情和熱情的愛，也有可能會形單影隻。但我絕對不要再投入一段孤寂的感情，假裝那就是愛。假如我希望孩子擁有的是比現在更美好動人的感情或人生，那我也絕對不會安於現況。

我要和克雷格辦離婚。因為我是一名母親，我得承擔責任。

我從地毯上站起來，打電話給艾比。從在芝加哥認識的那個晚上，我們就沒有再見過面。

我說：「我愛上你了。我要離開克雷格。我今天就會告訴他。」

她說：「格倫儂，我的天啊。我太愛你了，我現在超高興的，但我也很替你擔心，你確定準備好了嗎？我們之間連身體碰觸都沒有過。」

我說：「我知道，但我離開不只是因為你，我離開是因為，現在我明白，世界上還有這樣的愛，我再也無法假裝它不存在。我不能抹滅已經知道的事，我已經成為這樣的人，就回不去了。所以我要離開——不只是因為我愛你，也因為我愛這樣的自己。這個我，在我們倆認識的時候被喚醒了。我只能選擇離開他，或是拋棄我自己。我要離開他。既然我已經弄清楚，我有責任告訴他。我沒有欠克雷格，不必把餘生都留給他，我欠他的是坦誠。很困難沒錯，但走到最後，那會是一件正確的難事。」

那天下午我和克雷格坐下來談。我用溫柔但不帶歉意的語氣，說我要離開了。我告訴他：「我們的婚姻到這裡結束。我們在相伴期間盡到責任，療癒了彼此。我們的婚姻經營得非常成功。現在，這段婚姻關係要結束了。我愛上了艾比。既然我弄清楚這件事，我希望你也能馬上知道。」

他沉默不語，過了一會兒，他開口對我說：「三年前，你給的寬容，超出我應得的範圍。現在，我要用寬容回報你。我希望你過得快樂。」

我們之間的事，並非這樣就完結了。接下來幾個月，我們過得像坐雲霄飛車。但我們心中始終記得：給你一份寬容，也給我自己一份寬容。

後來，他準備好了。我們坐下來把事情告訴孩子。我這一生，傷害過很多我愛的人，但那一次感覺最糟糕。我直視三個寶貝害怕的臉龐，對他們說：「我等一下會讓你們心碎。時間會帶我們把心重新拼湊起來，然後我們的心會變得更寬大和有力量。只不過，現在，心會覺得很痛。有時我們必須要做困難的事情，因為那些是真實的事。你們的爸爸和我希望，情況再怎麼困難、可怕、痛苦，你們都要活出真正的自己。我會讓你們知道怎麼做。」

他們哭了。就在那張沙發上，聽見父母要離婚的消息，改變了他們。我親眼看見這樣的轉變。我們互相擁抱，放手讓一切燃燒。克雷格告訴他們：「沒關係的，艾比是個很棒的女人。我們要變成另外一種新的家庭，但我們還是美好的一家子。」

他允許孩子去愛艾比，那是他從以前到現在，送給我最棒的一份禮物。或許可以說，從來沒有人給過我這麼棒的禮物。

我們告訴了家人。
我們告訴了朋友。
一切在兩星期內發生。
四十年、五個月、兩星期。

伊甸園

我不知道什麼是想要。
直到我遇見了她。

我年紀輕輕就知道怎樣才是誘人的女孩。我學會弄得跟電視上的女人一樣，學會挑染頭髮、夾睫毛、穿翹臀牛仔褲，學會不擇手段維持苗條身材。我知道怎麼替自己打廣告，等有男孩子挑上了我，我很清楚下一步。我知道該穿怎樣的內褲，知道怎麼把背弓得恰到好處，知道該在什麼時候嬌喘呻吟。我知道什麼聲音和動作，會讓他更想要我、讓他以為我很想要他。性愛是一個舞臺，我是上面的表演者。

我知道怎麼勾起欲望。

但我不知道什麼是欲望。

我知道怎麼讓人想要我。

但我不知道什麼是想要。

直到我遇見了她。

我告訴克雷格我們的婚姻關係該結束了以後，艾比因為要接受頒獎表揚而飛到洛杉磯。ESPN 體育臺要頒偶像獎給她，除了表揚她在足球生涯的好成績，也恭喜她退休。她的職業生涯即將畫下句點。我希望可以到那裡，為她揭開新的扉頁。我說：「我要過去。」

打從初次見面那晚，我們就沒有再見過彼此，也沒有單獨相處過。之前有一次我伸手抓艾比的手臂，但我馬上縮了回去，不讓電流繼續竄動。除了那一次，我們沒有碰觸過彼此。這一個月以來，為了有機會和對方相守，我們都把自己的生活丟入火中燃燒。更重要的是，我們燃燒生命，讓自己有機會成為天生就該成為的女人。

要搭飛機的那個早上，天還沒亮我就醒了。我開始打包，準備了兩袋行李：一袋要託運，一袋是登機行李。我在登機行李裡裝了化妝品、直髮器、高跟鞋和一件白色洋裝。我驅車前往機場，覺得自己處於交界，一邊是舊的自己，另一邊的自己我還不認識。飛機起飛後，我試著讀點文字，然後又試著看了一下電視，但都無法專心。我的腦海不斷迴盪著一個想法：再幾小時你就能跟艾比獨處了，你到現在都還沒有親吻過女生。在我的印象中，我一直都很害怕眼神接觸。我從來沒有在發生親密關係的過程中和對方有眼神接觸。我曾經跟艾比說過這件事，她吃了一驚，對此覺得很難過。我講完這件事情時，她告訴我：「如果我們有機會碰觸對方，請你要知道，我不會讓你不看我的眼睛。」我不知道自己能不能辦到。

飛航途中，我從座位底下拿出袋子，走進飛機廁所，把運動褲和運動衫脫掉，換上洋裝和高跟鞋，化好妝，把頭髮夾直。我坐回位子的時候，隔壁的女士看了看我，問：「如果我走進廁所裡，也能夠像你一樣嗎？」

飛機降落在洛杉磯國際機場，我的第一個念頭是：天啊，我們終於在同一座城市了。我搭計程車到飯店。車子停下來，我傳簡訊說：「我到了。」艾比回傳：「一一四〇號房。」我把手機放下，走進電梯，按按鈕，在第十一層樓踏出電梯。我穿過走廊，停在她的房間門口。門上貼了一張寫著「請進」的紙條。

我深吸一口氣，整理了一下頭髮，快速說了一句禱告：請與我們同在。

我輕輕敲了敲門，然後把門打開。

艾比在房間的另一頭，半倚半坐，靠著書桌，一隻腳踩在椅子上，沒有穿鞋。她穿著墨灰色的T恤、天藍色的牛仔褲，戴一條很像兵籍牌的項鍊。

我第一個念頭是：她在那裡，我的人。

後來她告訴我，她的第一個念頭是：她在那裡，我老婆。

她露出笑容。但不是不經意的一笑，那個微笑在訴說：你來了，我們在一起了，終於。她站起身，走向我。房門在我身後關上。我的行李袋，還放在走廊上。她伸出手臂環抱我。我們融化了。我把頭埋進她的胸口，她的心跳透過T恤，傳到我的皮膚裡。她身體顫抖，我也在顫抖，有好長一段時間，我們一起站在那裡，把對方的味道吸進自己的身體，抱著對方，一起顫抖。

然後她拉開距離，直直看入我的眼睛。我們在那一刻，心心相繫。

然後，

我們親吻。

我們到牆邊。

我們到床上。

白色洋裝到了地上。

我裸著身體，沒有懼怕。

一如原先所想。

置身地球，彷若天堂。

我沒有把眼神從她身上移開，一次也沒有。

我們相處在一起愈久，我就變得愈赤裸，也愈不害怕。我不再假裝了，而是順從自己的欲望，如此簡單。

許下承諾

這就是世界，美好與糟糕的事都會發生，別害怕。

十五年前，懷第二胎，我決定，要等小孩生出來，再揭曉孩子的生理性別。第一胎，孩子還沒出生，我已經知道是兒子。但現在的我是有經驗的家長，比以前成熟得多，也更懂得自律。到了可以照超音波看寶寶性別那天，我躺在診療床上，來回查看綠色小螢幕和檢驗師的表情。不管從哪一邊，都看不出端倪。後來檢驗師走出去，換醫生進來。現在，醫生說什麼就是什麼了。她告訴我確實有個生命在我身體裡，用她的話來說——「目前為止很健康」。

目前為止很健康的小生命，正是我所期待的結果。目前為止很健康的小生命，正是我成為媽媽以後所一直期盼的。

我在知道這件事以後——其實也只知道這件事——就走出診療室了。我回到家，坐在起居室的沙發上，盯著牆壁想，我竟然從什麼都要控制的誇張新手媽媽，進步到現在這麼冷靜。

我心想，瞧我，有耐心地，等宇宙用自己的步調展開。

然後，我拿起電話，打到診間去。櫃檯接起電話，我說：「你好，我是格倫儂，我剛才去過診間。」

「喔，你有東西忘在這裡嗎？」

「對，我忘了一個非常重要的資訊。這樣說吧，假如，我改變心意了，你們還可以告訴我寶寶的性別嗎？」

她說：「請等一等。」

我等了一等。她回來以後說：「是女生，你懷了女兒。」

我很喜歡的一個希伯來字：selah。

selah 在《希伯來聖經》出現七十四次。學者相信，當文句出現這個字，讀經的人應該要停下來，靜止一會兒，因為前文提到的概念太重要了，必須用心體會。經文中的詩句會轉化生命。經文抄寫者曉得，生命的改變就從讀經開始，唯有經過安靜沉思，轉化才會完整。selah 也出現在希伯來音樂。人們相信，selah 代表指揮要讓合唱團靜默好一陣子，在音符中間，騰出一個空間來。音樂，就在這寧靜時刻，潛入人們心中。

當一個人接收到具有轉化作用的文字、音樂，或從放射科櫃檯簡短獲知一項資訊，他或她了停下來，駐足良久，直到一生永遠轉變——這神聖靜默的片刻，就是 selah。

selah 是女人經歷大爆炸，進化成新宇宙前的那一段空無。

你懷了女兒。我的眼睛像必須適應突來強光的相機鏡頭，睜得老大。我坐在沙發上，手上還握著電話，說不出話來，也動不了。

「謝謝，」我這才回話，對櫃檯接待人員說：「謝謝，我愛你，掰。」

我掛上電話，打給我妹妹。

「妹妹，我們要生一個女孩了。我們要生一個女孩了。」

「等一等，」她說：「什麼？你是怎麼知道的？他們無意間告訴你了嗎？」

「對，我不小心問了，他們就告訴我了。」

她說：「要死了，這是我們一生當中最棒的一天。我們女生要有新成員了，我們要有第三個我們了，第三個姊妹。」

「我知道。沒錯。別告訴克雷格我先打電話跟你說。」

她說：「當然。」

就在那時，我聽見兩歲的大兒子崔斯午覺睡醒的聲音。他像平常一樣，在嬰兒床裡大喊：「馬麻，我醒了！」

我掛上電話，走上樓，打開崔斯的房門。他坐在床上，對我微笑。那是我第一次意識到崔斯是我女兒的大哥哥，心想女兒還真是幸運。我親吻崔斯柔嫩的臉頰。他跟我一起走下樓梯，手抓著欄杆，一步一步小心走。我替他穿上一件蓬鬆的厚外套，戴上圍巾和帽子，帶他沿著社區小池塘周圍散步。我得出去走走。我需要多一點空間來容納這天大的消息，我需要天空。

我記得崔斯和我很冷。我記得空氣很清新，天空很清澈。我記得繞池塘走到一半，遠遠看我們的聯棟式住宅小屋，感覺屋子好小，有一隻鵝從我們前面橫越而過，把崔斯逗笑了。我記得鵝靠得有點近，所以我抱起崔斯，就那樣抱著他，繞著池塘走完剩下的路。他把腳勾在我的腰上，我的鼻子貼在他的脖子旁邊。許多年過去了，我依然能聞到從他脖子散發出來的氣息：有爽身粉和幼兒的汗味。我還記得，我在心裡想著：*我自己*

一個人，帶著兩個小孩呢。兒子的頭枕在我的肩上，女兒的心在我身體裡跳動，我擁有一切。

我們決定，用我媽媽的名字，為女兒取名為派翠西亞，小名緹許。她會和哥哥一樣，從爸爸那裡遺傳到一身黃褐色的皮膚、一頭黑髮和日本人的五官。我每一天都心心念念，迫不及待要把她生出來。我甚至在懷孕三十八週時，直接坐在浴缸裡，告訴克雷格，要是他不想辦法安排引產，我就不出浴缸。他想辦法安排好了。幾天後，我的手上抱著女兒。護士把她放入我的臂彎，我輕聲說：「嗨，天使。」然後好好看了看我女兒的模樣。我好驚訝。她身上粉紅粉紅的，皮膚、頭髮和眼睛顏色很淺，跟我一樣。

緹許的哥哥不只長得像爸爸，脾氣也跟他爸爸一樣好相處，隨遇而安。所以我犯了新手爸媽會犯的錯，把崔斯的好帶歸因於我很會帶小孩。朋友抱怨帶小孩有多困難的時候，我會表現出贊同的樣子，心裡卻想：遜咖，有什麼好難的？後來緹許出生了，我突然了解到究竟有多困難。

緹許一出生就是個容易不安的孩子。嬰兒時期的她哭個不停，兩三歲時的她老是不開心，在她人生的頭幾年，我每天都要花上整天的工夫，想盡辦法哄她開心。等到她長到六歲，我已經放棄哄她開心這件事了。每天早上，我都坐在她房間門外的地板，手上拿著一塊寫著「緹許，早安！我們今天要乖乖的喔！」的白板。她扳著一張臉走出來，我指著白板解釋「乖乖」的意思：表現出快樂的樣子，假裝你很快樂就對了。這是我們和世界約定好的社會規範，孩子，表現出快樂的樣子吧。上帝愛你喔，你要像我們其他人看齊，一起默默忍受。

但緹許不接受我寫給她的記事條。她不願意做樣子。她拒絕當個乖寶寶。有一天，克雷格下班回家，他一打開門就看見我在哭。緹許則是自己在樓上，也在哭。我對克雷格說：「我實在拿她沒辦法了，怎麼教都教不會，我管不了她。怎麼會有這種悲慘的事？」克雷格這個人好就好在這，他沒有把答案說出來，只是默默看著坐在地上哭泣的我，給我足夠的時間讓我自己想通：喔，我明白了，緹許就是我。

我的心理師鄰居警告我，不要把這種會設下限制的自戀想法套用在女兒身上。她堅持，小孩不是父母的複寫本。我回：「好的，我了解你的觀點。但這位女士，我也親眼看見孩子的行為表現。」

當我明白緹許就是我，我想起，表現快樂的樣子差一點讓我送命。於是我不再試著讓緹許快樂起來，也不再要她當乖寶寶，我決定，只要幫她當緹許就好。她現在十四歲了，還是那個藏不住心裡情緒的孩子，她的所有內在感受和想法，都會表現出來，讓外界聽見和看到。她生氣的時候，我們會認定她的生氣是有理由的。我們會說：「我知道你很生氣。你準備好要解決這個問題了嗎？還是你需要多一點停在這種感受的時間？」她通常需要多一點停在這種感受的時間，因為她在成為自己。我們不會再催促她了。當我們趕著過日子、急著化解傷痛、在美麗事物前走馬看花，事實上，是緹許讓我們慢下腳步。她點出了我們不該這麼急匆匆。她讓我們看見，身為一個人，應該要注意、思考、感受哪些事情。在我認識的人之中，她是心腸最好、最有智慧、最誠實的那一個。這個世界上我最尊敬的就是她了。緹許是我們家的良心和先知。她是我們的「selah」。

我和緹許的爸爸離婚時，她的世界變得支離破碎。每一天、每個星期、每一個月，她都不斷帶著我們貼近傷痛。我們其他人都想要「拋開過去」，表現出快樂的樣子，但因為有緹許在，她讓我們對自己誠實。她不裝模作樣，不當乖寶寶。她很堅持，當世界崩塌了，這個時候，你就是要讓世界暫停一下。她不讓我們跳過任何一部分，她要我們感受一切。她提出那些最難回答的問題。有很長一段時間，她每天晚上都哭著睡著。她是我們的聖女貞德，在每一天，帶領我們直奔戰場。

在她心裡，戰線在兩個地方展開。第一個戰場是父母離異。另一方面，家庭重組的戰場同樣深深撼動著她：她看見我愛上了一個人。緹許向來知道，她和哥哥妹妹是我的心頭肉。我和她的爸爸組成人生伴侶，我們愛著自己一手打造的這個家，但我們並不相愛。她的媽媽，之前只照顧她、愛她，而她現在，看著媽媽在自己的面前，變成了一個完整的人。那個她所認識的媽媽不在了。她看著我變成一個完整且活著的女人，她看著我變複雜。以前，有好長一段時間，事情是那麼地簡單。當我愛上艾比，緹許覺得，我彷彿要離她而去了。

戰爭如火如荼展開的某一天晚上，我在幫緹許蓋棉被。她現在很清楚自己有什麼感覺，也懂得要怎麼清楚地表達出來。她往上看我，說：「媽咪，我好怕會失去你。」

我在床上坐了下來，對她說：「喔，寶貝，你永遠不會失去我。你永遠不會失去我的，寶貝。」

她小小聲地說：「再說一次。」

所以我又說了一次。然後，再說一次。我一直複誦這句話，沒有停過。三年後，我們的睡前儀式還是說這句話。

關上燈。「你永遠不會失去我的，寶貝。」

所以，每天晚上，我對先知女兒說的最後一句話，其實是厚著臉皮當面欺騙她。世事難料，但人生當中有一件事情我很確定，那就是，總一天女兒會失去我。我以前總是一直對緹許撒謊。我總是答應她一些事情，暫時哄住她、安撫她、保護她。

對，我很確定天堂真的存在。對，我相信有聖誕老人！不，你的爸媽絕對不會離婚。對，人生是公平的，世界上有好人，也有壞人。媽咪最懂了。每件事會發生都是有原因的。親愛的，你很安全。我會保護你的安全。

那時候，我以為我的責任是要保護緹許的安全，不是讓她變勇敢；那時候，我以為我應該要讓緹許的人生順遂，而不是讓她知道可以自己處理人生難關；那時候，我以為假裝產生的神奇作用，勝過真實帶來的魔法；那時候，我相信一名母親應該要成為女兒的英雄，不是讓女兒成為自己的英雄。

我以為我的角色是保護緹許，不讓她感受到痛苦，結果我卻讓她學到，災難隨時會來臨。我一直庇護著她，反而讓她學會害怕。我教她要躲起來，我讓她以為，自己無法處理人生的可能狀況。寶貝，小心，寶貝，小心，親愛的，過來這裡，媽媽會保護你。

但事實是，我變成了那個製造災難給她的人。

我把災難，直接丟到她的面前。

我讓那顆交給我保護的心破碎了。

我看著緹許傷心，再看著緹許振作起來。

我從中學到，你會讓一個孩子心碎，但孩子不會因此毀掉。現在，我離婚三年了，緹許成為一個跟以前不一樣的孩子。她不會再一直躲避，不會老是警戒，害怕前方有危險。最糟糕的情況發生，而她挺過去了。她是個不再害怕生命烈火熊熊燃燒的小女孩，因為她明白自己不怕火燒。唯有曾經站在火裡，才能學會這件事。我只希望孩子知道：沒有什麼能摧毀他們。所以我不想再保護他們不被生命之火燃燒；我想指引他們前往生命之火，對他們說：「我看見你們很害怕，這份恐懼很巨大；但我也看見你們很勇敢，這是一份比恐懼更大的勇敢。寶貝，我們可以做到困難的事，我們不怕火燒。」

如果可以重來，我會把掛在緹許嬰兒房牆上的牌子丟掉。那塊牌子上面寫：「不論多小，每件事都會很好。」我要換成作家布赫納（Frederick Buechner）的話：「這就是世界，美好與糟糕的事都會發生，別害怕。」

我再也不認為自己應該欺騙緹許。我絞盡腦汁，想要找出一些簡單辦法，改變一下我每天晚上要對她說的誓言，並努力讓誓言成真。真是不容易。舉例來說，我可以幫她蓋好被子，對她微微笑，然後說：「親愛的，關燈囉，你一定會失去我的。」但那樣未免一下子太過頭了。

最後我想出一句話。我為緹許、我自己和我們大家，許下了這個承諾，它也是我的盼望：

「寶貝，晚安，你永遠不會失去你自己。」

地標樹

沒有任何浪費。我的過去全部都在那裡，支撐著我，餵養著我。

我躺在沙發上看庸俗的電視節目，享受我最愛的休閒時光。在這十八年沒有癮頭的日子裡，我曾經服下的每一劑止痛藥，都已慢慢從身體排除。我不再喝酒、不再服食藥物，不再暴飲暴食和催吐，也不再一直用言語中傷別人，甚至不再（經常）衝動購物。但我可以保證一件事：就算我死了，冰冷的雙手依然會握著電視遙控器，不是停在精彩臺（Bravo），就是居家樂活頻道（HGTV）。

此時，有趣的電視畫面在我眼前展開。身強體壯、酷愛戶外運動的節目主持人刻意獨自走進一片森林之中。我立刻從這個橋段知道，他是一個非常奇怪的人。男主持人在森林裡迷路了。我不懂他怎麼不知道自己會迷路，但他似乎頗為意外，所以我替他捏了一把冷汗。附近沒有人能救他的樣子。在那裡，除了各式各樣的動植物、泥土和其他森林裡常見的天然物品，似乎什麼都沒有。我不是很確定，因為我從來沒有去過森林裡。我覺得，森林不是人們該去的地方。

這位現代魯賓遜已經數日未進食，也把水喝光了。同理心是我的超能力，我經常無法區別，事情是發生在別人身上，還是我自己身上。所以，太太走進起居室時發現，我在毯子底下蜷曲成一團，受營養失調和乾渴之苦，逐漸死去。

她抬起眉毛問：「親愛的，你還好嗎？」

我說：「不好，你看這個。我覺得他快要死掉了。他在森林裡迷路，快要餓死了。我不知道我們要怎麼逃出去。」

太太對我說：「好，寶貝，還記得我們討論過電視節目是怎麼一回事嗎？你在這裡看電視，那就表示現場有一組攝影團隊。換句話說，他們應該有準備蛋白質補充棒。親愛的，他絕對不會出事的。」

謝謝她提醒了我。我聽到她的提醒才從毯子裡探出身來，帶著界限看完剩下的節目。劃出了界限，我才能從這位假扮的現代魯賓遜身上，學到他要教我的事。

他說，當你在森林裡迷了路，最重要的一件事，是要被人找到。想要被別人找到，你最好待在原地，不要亂跑。只可惜，在森林裡迷路的你不可能一直待在原地，因為你必須往外走，想辦法找出生存需要的食物和補給品。

我學到兩項關於保命的重要資訊。迷路的人想要保命，必須同時做到：

1. 留在原地。
2. 不要留在原地。

我心想，嗯，所以說，森林真不是人們該去的地方。我繼續聽他說下去。

這位假現代魯賓遜有個解決辦法。他說，迷路的人想要提高被人找到並且獲救的機率，最佳策略就是：

他得為自己找一棵地標樹。

地標樹必須是一棵易於辨識的強壯大樹。迷路的人可以把這棵樹當作基地。只要他能回到地標樹的位置，就能冒險一試，走進森林裡——每一次都先走回來，再走進森林。不斷回到地標樹的位置，讓他不至於走得太遠。

我這一生有好多時間，都迷失在由痛苦、感情、宗教、職業、服務、成就、失敗所交織而成的森林。現在回頭看那些時光，我的那些迷失，都可以追溯到某個源頭——某個必須離開自己（我的地標樹）完成某件事情的決定。有可能是一種身分認同、一套信念、一種體制、一種勵志的想法、一份工作、另一個人、一套規則、一個舊的我。

現在，當我覺得自己迷失了，我會記得，我不是那片森林。我是自己的地標樹。所以我會回到自己這裡，重新居住在自己裡面。這麼做的時候，我感覺到自己的下巴抬高了，身體挺得更直。

我深深扎根於在我下方富饒的土壤。那片土壤裡有每一個我經歷過的女孩階段和女人階段，有我愛的每一張臉龐，有我失去的每一份愛、到過的每一個地方、每一次的交談、每一本讀過的書、每一首唱過的歌，一切的一切，在我的身體下方，碎裂，混合，分解。沒有任何浪費。我的過去全部都在那裡，支撐著我，餵養著我。那些人事物被埋在很深的地方，其他人都看不見，只有我能從中汲取養分。養分一路往上，滋養著我的枝椏和想像力，來到其他人看不見的高處——它繼續向外延伸，朝著光和溫暖不斷生長。世人只能看到中間那段樹幹，樹心軟綿綿的，表面硬度恰到好處，足以保護和支撐著我。我的這一截，安全地裸露於外。

我和我扎根的土地一樣古老，和我最細嫩的枝椏一樣年輕。我是我自己的地標樹：強壯、獨特、有生命力。我還在長大。

在我的腳下、我的頭頂上、我的身體裡面，我需要的一切，統統有了。

我永遠不會失去我自己。

小水桶

你不是水桶，你是大海。寶貝，你要一直流動。

某天晚上，快要睡著的時候，我聽見臥室房門傳來微弱的敲門聲。我說：「進來吧。」

緹許走進我房間，淚眼汪汪、滿臉歉意地站到我的床邊來。「寶貝，怎麼了嗎？」

「我好害怕。」

「害怕什麼？」

「什麼都怕，但又沒什麼。其實，沒有發生什麼事，就是……我覺得我的身體裡只有我自己，我就只有一個人，只是……覺得很孤單。白天很忙，所以會忘記這種感覺，可是到了晚上，一躺在床上就又想起來了。我只有自己一個人，好可怕。」

緹許爬到我的床鋪上。我們把頭枕在同一顆枕頭上，用眼睛看進對方的眼底不斷搜尋，渴望在對方那裡找到自己，企圖模糊彼此的界線。從醫生第一次將緹許放入我懷中，我說「嗨，天使」；從我第一次俯身向前，想要將緹許吸入我的肺裡；從我第一次把嘴唇湊到緹許的唇邊，想要吞一口她溫暖甜蜜的氣息，將之據為己有；從我在玩她的腳趾，臼齒癢得發疼，我終於明白，為什麼有些動物會把自己的小孩子吃掉；從那些時刻起，我們就一直在想辦法模糊彼此的界限。緹許出生以後，我們的身體一分為二，我們一直在設法破壞這道鴻溝。可是，每過一年，她每次學會說出一個字，每踏出一步，我們就離得愈來愈遠。不知不覺，距離悄悄拉大。親愛的，抓住我的手。進來吧。媽咪，我好害怕。

我用手把她臉頰上的一縷髮絲撥開，小聲地說：「我在這層皮膚裡面也很害怕。你還記得嗎？今天我們在海邊，看見一個小女生一股腦衝進海浪，用塑膠小水桶盛裝海水？有時候我覺得自己也是其中一個裝海水的小桶子，旁邊還有其他裝海水的小桶子。真希望我們可以有辦法，把水倒入彼此的桶子，融合在一起，這樣一來，我們就不會分開了。可是，總有小水桶隔開我們。」

用譬喻的方法來解釋事情，總能幫助緹許快速理解。（寶貝，你能感覺到但看不見的那個東西，它就像，你能看見的那個東西。）她聽我說小水桶的事，金棕色的深邃雙眼睜得好大。她用細小的聲音回答我：「對，就像那樣。」

我告訴她，也許我們出生的時候，被人從同一個地方，倒入身體這個小小的水桶。當我們死掉了，我們會被清空，回到原本那個浩瀚的源頭，彼此融在一起。也許死亡只不過是回歸——從小容器回到我們歸屬的地方。也許我們在這塵世裡因分離感受到的種種痛楚，終究會消失，因為我們將再度融合，你和我，沒有差別，沒有皮膚擋在我們中間，不再有水桶的阻隔——只有大海。

「但現在，」我告訴她：「你是一桶海水。所以你既感覺自己浩瀚無比，又感覺如此地渺小。」

她微微笑著，進入了夢鄉。我待在那裡看著她，看了好一會兒。我小小聲地，對著她的耳朵唸了一句簡短的祈禱：你不是水桶，你是大海。寶貝，你要一直流動。

空服員

我們只能決定主角的回應方式，決定當個棄船的人，還是留下來帶領大家度過難關。

談離婚的那段時間，某天早上，我打電話給小莉，問她該怎麼當好一個媽媽。就是因為小莉沒有小孩，所以她還有清楚的頭腦，能夠給我好建議。

我說：「我知道，我很清楚，儘管一切亂七八糟，說到底一切都很好，什麼事也沒有，我全都明白，但我今天就是看不清，我擔心自己會毀了他們。他們既迷惘又害怕，而且老天啊，我發過誓，絕對不會對他們做出這種事。」

她說：「好，格倫儂，我認為現在是這樣：你們一家人一起在一架飛機上，你是空服員，孩子們是第一次搭飛機的乘客。飛機剛才迎上一陣嚴重的亂流，有點顛簸。」

「對，」我說：「聽起來是這樣。」

「好，遇到亂流，乘客會怎樣？他們會看空服員怎麼做。如果空服員慌了手腳，乘客也會跟著恐慌。如果空服員很冷靜，表現出沉穩的樣子，那麼乘客就會覺得自己很安全，跟著空服員一起放下心來。」

「格倫儂，你飛得夠久，也經歷過一段人生了，你知道亂流是很可怕沒錯，但飛機不會因此墜毀。亂流不會害人死掉，離婚也不會。我們會從這些事件中活下來。孩子們還不清楚，所以他們很害怕。他們會不斷查看你的表情，想要從中獲得蛛絲馬跡。此時此刻，你的任務是對他們微笑，保持冷靜，繼續為乘客遞送他的花生零食。」

談離婚那段期間，我每一天，都這樣告訴自己，說了好幾百萬遍：格倫儂，繼續為乘客遞送他的花生零食。

我把這句為人父母的真言說給一個朋友聽。她說：「對，亂流不會讓飛機墜毀，但有些飛機的確墜毀了。如果一家人一起搭乘的飛機，真的發生了撼動飛機的事情呢？如果一家人真的要墜機了呢？」

有個朋友的朋友在一年前發現，她十來歲正值青春年華的女兒罹患癌症，時日不多了。那樣的事情可不是亂流，而是大家都會很害怕的墜機事件。一家人都很清楚，所有人都會墜機，不可能從事件中生還。

這位女士開始不停酗酒和用藥，女兒去世時，她正亢奮著。另外兩個女兒眼見姊姊去世了，媽媽卻棄船沒有在場。我每天都在想這名母親的事。我非常能同理她的感受，也替她感到擔憂。我害怕有一天，當她終於停下來，靜下來的她會感受到滿心刺痛的懊悔，無法繼續過日子。

我們無法掌控家裡發生的亂流或悲劇，人生的情節，有很大一部分不是我們可以控制的。我們只能決定主角的回應方式，決定當個棄船的人，還是留下來，帶領大家度過難關。

為人父母，就是在亂流發生時把花生發給乘客。當家庭遭逢死亡、離異、破產、疾病等變故，為人父母意味著，當你看著孩子的小小臉龐，心裡其實很清楚，自己就跟他們一樣害怕，你心想：壓力好大，我沒辦法帶著他們度過難關，可是就算我做不到，還是要努力。

於是，我們和心肝寶貝一起坐下來，將他們的臉轉過來，讓他們望向我們的眼睛，不要去看那一片混亂。我們牽起他們的手，對他們說：「看著我，就你和我。我在這裡。外面的一切都沒有此時此刻真實。你和我，我們手牽著手，一起呼吸，愛著彼此，不必去管是否會從天空向下墜。」

家人就是：不管是要墜機了，還是在天空翱翔，我們都會在這糟糕透頂的旅途中，一路互相扶持。

記事條

我無法想像，還有比我們更不懂得保護孩子的父母了。

每一個世代的父母，生下孩子，要離開醫院的時候，都會收到一張記事條。

我的祖母收到的記事條：寶寶在這，把他帶回去養大吧，你要他說話的時候，他才能開口，你就繼續過生活吧。

我的母親收到的記事條：這是你的寶寶，把他帶回家，每天跟也有這玩意兒的朋友待在一起吧。下午四點以前喝易開罐飲料，晚點可以來杯小酒。你可以抽菸和玩牌，把小孩鎖在屋子外面，吃飯和睡覺再放進來就行了。

真是幸運的狗屎蛋。

我們收到的記事條寫著：這是你的寶寶。你等這一刻等了一輩子那麼久——你心裡的洞填滿了，你終於完整了。我把這個孩子交到你的懷裡，要是之後你覺得有任何一點除了全心滿足之外的感覺，請馬上找人諮商。跟諮商師講完電話，還要打給家教老師。我們在這講了三分鐘，你的小孩已經落後別的孩子了。你幫孩子報名中文課了嗎？好吧。真是可憐的孩子。給我聽好了：父母不再是名詞——時代不同了。父母現在是一個動詞，一旦你成為父母，就沒有停止的一天。父母這個動詞可以是保護、庇佑、無所不管、抵擋外物、擦屁股、規劃、執著不放手的同義詞。做父母要投入一切，請用上你的身、心、靈。做父母是新的宗教信仰，你會在這裡找到救贖。這個孩子是你的救世主，你不皈依，就下地獄吧。你的人生還想用來嘗試其他事物？我們會等你放棄的，謝謝。

現代人做父母的目標是：千萬不要讓你的孩子遭遇困難。

所以他每一場比賽都一定要贏。（這裡有四百個參加獎的獎盃，發下去吧。）一定要讓他覺得大家都喜歡他、愛他，每個人都想要跟他待在一起。你要一直逗他，讓他覺得開心，他在世界上的每一天，都要像在迪士尼樂園，甚至過得比那還棒。（如果真的去迪士尼樂園玩，你要有快速通關券，可不能讓他被迫排隊等待，門都沒有。）如果別的孩子不想跟他一起玩，你要打電話給他們的父母了解原因，堅持要對方排除問題。在公共場所，你要走在小孩前面，所有可能令他難過的悲傷表情、所有令他感覺被人群遺漏的快樂臉龐，統統要遮擋起來。如果他在學校惹麻煩了，你要打電話給老師，振振有詞地說你的孩子不會犯錯，堅持老師要為自己的錯誤道歉。千萬不能，也絕對別讓孩子脆弱的頭部滴到任何一滴雨水。你要把這個人養大，但你絕對不能讓他感受到任何一丁點不舒服的人類情緒。你要給他人生，而不是讓他去過人生。簡而言之：你的人生結束了，你的這個新身分該做的，是確保他的人生永遠不會展開。祝你一帆風順。

我們拿到了一張糟糕的記事條。

這張糟糕的記事條，就是我們感覺疲於奔命、神經兮兮和內疚的原因。

這張糟糕的記事條，也是我們的孩子什麼都不行的原因。

真的，他們什麼都不行。

因為厲害的人會歷經失敗、重新整頓自己，然後繼續嘗試。厲害的人受過傷，能夠同理其他受傷的人有著怎樣的心情。厲害的人就算犯錯，也會處理錯誤帶來的後果，並且從中學習。厲害的人學會了勝不驕、敗不餒。

那樣的記事條讓我們偷走了讓孩子堅強的東西：奮鬥。

因為那張糟糕的記事條，我們汲汲營營於小事，殊不知，孩子未來將要接手的世界正在崩塌。我們如此在意小孩能吃怎樣的點心，孩子們卻已經要在學校裡預演槍手進入校園掃射時該怎麼做，他們在排練自己的死亡。我們為孩子的大學先修課程操心，但地球正在他們的身邊融化。我無法想像，還有比我們這一代人更會過度干預的父母，也無法想像，還有比我們更不懂得保護孩子的父母了。

記事條應該改寫成：

這是你的寶寶。

要在家裡、在街上，和你投下神聖一票的時候，愛著他。

讓一切發生在他的身上。

待在他身邊就好。

詩

假如我們永遠不向內發掘，我們就永遠無法成為我們該成為的人。

崔斯小時候，我們發現，他會坐在餐桌上畫世界地圖，逐一寫下每個國家和首都的名稱。他會花一整個下午自己寫歌詞，我們會收集他留在屋內各處的短詩。

他十三歲生日那年，非常想要一支手機，我們想讓他開心，就幫他買了一支。但我們從那時起，眼看他逐漸消失。他不再畫地圖，也不再閱讀和創作，我們再也沒有在家裡找到他寫的詩。他跟我們待在一起的時候，我可以感覺得出來，他想要待在另一個地方。所以，就算他沒有在用手機，他也不在這裡。他只是在我們身邊短暫停留。他的眼神變了，和以前相比，不再那麼生氣勃勃，多了點混濁和沉重。那曾經是我見過最輕盈透澈的一對眼睛，但就在某一天，再也不是那樣了。崔斯在手機裡找到了一個比自己的皮膚底下更能輕鬆活著的地方。

真不幸，因為皮膚底下那股發癢的感覺，會帶領我們去探索自己是誰。當我們感覺到無聊了，我們會問自己：我想自己去做些什麼事嗎？我們會受到引導，去接觸某些事物，例如：拿起紙筆或吉他、走到後院的樹林、踢足球、拿起鍋鏟。我們先要不知道自己想做什麼，才會在那之後找到了自我。我們在無聊心癢的感覺產生後進入自我探索。但重點在堅持住，不能半途而廢。

家長總是擔心小孩用手機會造成許多不良後果。我們擔心小孩長大以後會把性愛看成一種商品，擔心他們缺乏真實的人際連結、對身為人的意義見識狹隘。但我最擔心的是給小孩用手機會偷走他們的無聊感。當無聊感被剝奪了，我們所教養出的下一代會變成：本來能當作家的人永遠不寫作、本來能當藝術家的人永遠不塗鴉、本來能當廚師的人永遠不把廚房弄得一團亂、本來能當運動員的人永遠不對著牆壁踢球、本來能當音樂家的人永遠不拿起阿姨的吉他亂彈一通。

有一次，我和一位矽谷的高階主管談話。這位高階主管對智慧型手機的創造和普及扮演舉足輕重的角色。我問她小孩幾歲時才買手機給小孩用。她笑著說：「喔，我的小孩沒有手機。」我回：「噢。」這就是別讓小孩接觸到替你供貨的藥頭的道理。製造手機的人都是很有創意的人，他們希望自己的小孩不是只會消費，而要成為一個懂得創造的人。他們不希望自己的小孩在手機上探索自我，而是希望小孩在「原地」探索。他們知道手機的目的是讓我們對外面的世界上癮，假如我們永遠不向內發掘，我們就永遠無法成為我們該成為的人。

我和艾比、克雷格討論過崔斯一直在慢慢消失的事。但我們沒有採取什麼行動。直覺告訴我，崔斯對手機上癮了，這樣會妨礙他的成長、破壞心靈的平靜。但我怕如果我把手機拿走，他會輸給別人或在同儕之間格格不入，跟別人差別很大。在那之後，又過了兩年我才想起，身為家長，因為害怕跟別人不一樣，而不去做孩子需要家長為他做的事，這是一個很糟糕的藉口。

崔斯上高中一年級的時候，某天我找他跟我一起出門散步。我們一路穿越車道，走到人行道上。我對著聰明伶俐的兒子說：「身為你的家長，我有很多事情做得不太對，但我只能在事後回想，才發現自己做錯了。如果我在當下知道會對你不好，就不會做出那樣的決定。我現在才發現，我讓手機一直存在於你的生活不是一件正確的事。我知道，如果我把手機拿走，你會重新開始過更完滿的人生。你會存在於當下。你有可能會減少跟同年齡層的來往，但你會跟朋友有更真實的連結。你或許會重新拿起書本閱讀，你會離開網路世界，活在自己美麗的頭腦和心靈裡。我們會少浪費一點珍貴的相處時光。」

我還說：「我知道會有這些好處。我知道，我得替你做這樣的決定，但我沒有。我想那是因為，你的朋友們人人都有一支手機，我不希望你被迫變得跟別人不一樣。『可是大家都這樣』變成我不去改變的理由。可是我又想到，有一些大家都在做的事情，最後我們經常發現，那是會讓人上癮和死掉的事。例如，抽菸就是一種，二、三十年前，幾乎人人都在抽菸。」

崔斯沉默了一會兒。我們繼續往前走。然後他開口：「我讀到有文章說小孩因為手機而變得比以前更憂鬱、更有壓力，情況從來沒有如此嚴重。上面還說，我們也變得無法跟彼此交談。我注意到自己最近有時也會這樣。我還讀到紅髮艾德不用手機了。」

「你覺得他為什麼不用手機了？」

「他說，他想要做的是創作，不是去看別人創作的東西，而且他想用自己的眼睛看世界，不想透過螢幕去看。我猜，沒有手機，我應該會比較快樂。有時候我覺得自己非看一看手機不可，彷彿手機控制了我。感覺就像一份我不喜歡的工作，或拿了錢不能不做這件事。有時候，很有壓力。」

我說：「好。」

崔斯和緹許都決定戒掉社群媒體了。手機也只用來傳簡訊。我們要等艾瑪上高中才給她手機。我們不想在她年紀還小就給她一份不得不做的工作。我們想給她的是一份名為無聊的禮物，讓她在知道世界希望她成為怎樣的人之前，先自己探索過自己是誰。我們決定了，身為她的家長，我們的工作不是讓她一直過得很開心，而是要讓她當一個人。

這不是一篇在講手機的文章。這則故事講的是「覺知」。勇敢的家長會傾聽知道的感覺，包括我們自己，也包括孩子們所知道的事情。不論看似與社會文化背離多遠，都堅持為孩子做真實而美好的決定。重點在，當我們知道了孩子們的需求，不會假裝不知道。

男生

或許，女人為了讓自己自由所應該要做的努力，
是讓我們的伴侶、父親、兄弟、兒子自由。

我從女兒還在肚子裡，就努力讓她們長成女權主義者。我知道，只要她們一呱呱落地，這個世界就會開始訓練她們，而我希望，她們能對此有所準備。所謂的準備是指，關於女性是什麼，她們能在心中自己描述一個輪廓，當世界告訴她們該怎麼做的時候，就能運用這把尺去加以衡量。我小時候心中沒有這種自己選擇的輪廓，所以當世界告訴我，當一個真正的女生，你必須渺小、安靜、漂亮、懂得通融和討人喜歡，我打從心底相信那就是真理。我吸入的謊言讓我病得很重。孩子如果不能從大人身上學習到什麼是牢籠以及如何抵抗，就會被文化訓練成順服牢籠的人。在父權社會出生成長的女孩只有兩種可能，不是很精明，就是失去健全的身心。

我希望女兒知道：你是人，你生來就有權利當一個完整的人。所以你想成為怎樣的人都可以，你可以大聲講話，也可以安靜不語，你可以大膽，可以聰明，可以小心翼翼，可以衝動，可以有創意，可以快樂，可以很有分量，可以生氣，可以好奇，可以飢渴，可以野心勃勃。你可以用自己的感受、想法、身體在地球上占有一席之地。你不需要把自己縮成一團。你永遠永遠，都不需要隱藏自己的任何一部分。

女人用盡一生，拚命在這個鐵了心要把她關起來的世界裡，當個完整而又自由的人。我想給予女兒爭取當個完整的人所會用到的一切，而要對抗世界告訴她們的漫天謊言，唯一的武器就是真相。

所以我在晚上，把頭戴式耳機放到西瓜般的孕肚上，播放歷史上個性勇敢、面貌多元的女性的有聲書。女兒出生後，我一面搖著搖籃哄她們睡覺，一面講故事，告訴她們女性如何打破文化牢籠、自由自在地生活，並為世界貢獻自己的力量。她們漸漸長大，我們一起在外面走路的時候，會猜一猜路過的女性從事什麼職業：「我打賭，她是一名工程師、執行長、奧林匹克運動員！」如果有其他女性用開玩笑的語氣說我女兒專橫，我會說：「不是很棒嗎？她有領袖氣質。」當女兒比賽輸了，怒氣沖沖，我說：「你想生氣也沒關係。」她們開始上學以後，想要遮掩自己的光芒，把自己縮小，我說：「親愛的，把手舉高，你可以在這個世界上，當一個大膽、聰明的自己。你可以對自己有信心，這樣的你，一樣是女生。」

我的做法成功了。女兒的成長過程可以證明我的成功。有一次，她們從學校回家，問我為什麼四格傳球遊戲的勝利者要叫「國王」。她們問老師，為什麼《憲法》裡稱呼人，都要用專指男性的「他」。她們堅持不想再念基督教小學，要我們幫她們辦轉學，因為老師不能接受用「她」來稱呼上帝的想法。緹許拿到寫著「棕熊小姐」的足球隊球衣。她帶頭抗議，要求球隊把「小姐」從女生的球衣拿掉，或在男生的球衣加上「先生」。艾瑪有一次穿西裝到學校上課，同學叫她小男生，她也只是聳聳肩。有一次我抱怨錯過預約染白頭髮的時間，緹許問：「為什麼你要改變自己的樣子？」

五年前，我在清洗廚房，聽見CNN有線新聞網正單調地播報新聞。我走過去想要轉臺，但在這時，我注意到，報導中有某種令人聽了不舒服的模式。

第一則新聞報導，有幾名白人男性公務員為了掌權說謊欺瞞。第二則新聞播放一段影片，有一名警察痛毆一名手無寸鐵的黑人青少年。接下來的新聞包括：

一名十五歲的校園槍手，持槍殺害三名同班同學，其中一人是拒絕他追求的女生。

袋棍球隊成員涉嫌輪暴被起訴。
男大生在惡作劇中意外喪生。
就讀國中的同性戀男學生在學校遭受霸凌，上吊自殺。
三十五歲的授勳退伍軍人「在創傷後壓力症候群的折磨下逝世」。

我張大了嘴，瞪著電視，心想：

我的天哪。

當男性想要遵從文化給他們的路，就是這樣。
他們也不被允許當個完整的人。
男性也被關在牢籠裡。

相信真男人權傾一世的男性，會用欺瞞和謊言來騙取和維繫權力。
相信女生應當為了男人存在的男性，會把女生的拒絕當作對男子氣概的侮辱。
相信男人之間不計己利、開誠布公交往是下流事的男性，會對同性戀男性恨之入骨。
相信男兒有淚不輕彈的男性，不順心就大發雷霆。

被灌輸痛苦是弱者的表現的男性，會因為不懂得求救而送命。

男性在美國有一條被安排好的路。我們訓練男性相信，將女性物化、征服女性才是男人，要把財富和權力看得比一切重要，除了爭強好勝和怒火，其他情緒一概壓抑。但當男孩真的長成了我們訓練的樣子，卻令我們大吃一驚。兒子不該步上我們的後塵，但他們有樣學樣，在這個過程當中欺騙別人、傷害別人或甚至因此喪命。讓男性之所以也是「人」的大小事，成了「真男人」無法說出口的晦暗祕密。

這個社會的男性也被關在牢籠裡。他們為了走進狹窄的牢籠，必須將人性裡的某些部分隱藏起來。在我們的文化裡，這些部分有個標籤，叫作「女性化」——這些人格特質包括：仁慈、溫柔、柔軟、安靜、善良、謙虛、同理心和善交誼。我們告訴男生：「你們不能這樣，這些是女生的玩意兒，什麼都可以，就是不能像個娘們。」

問題是，男生被禁止展現的自我，並非女性特質，而是身為一個人該有的特質。世界上沒有所謂的女性特質，因為世界上也沒有所謂的男子氣概，沒有所謂的女人味。「女人味」只不過是文化把人類個性一股腦倒進某個小水桶，隨意貼上一張「女性」的標籤。

社會賦予人的「性別」是一種規定，不是天生的樣子。當我們說「女生懂得照顧別人，男生積極進取」、「女生柔弱，男生剛強」、「女生很情緒化，男生懂得克制情緒」，這些話沒有一句是真相，我們只不過是在講述自己相信的事情——相信到將其視為必須遵從的命令。這些描述聽起來似乎很正確，那是因為，大家都安於這樣的設定。人類特質是不分性別的。所謂的社會性別，是建構在我們被允許呈現出多少特定的人類特質。為什麼？我們的文化為什麼要嚴格規範性別角色？我們的文化為什麼一定要把所有溫和、仁慈的特質貼上女性的標籤？

因為，不准別人展現這些特質是既得利益者維繫權力的方式。在像我們這樣失衡的文化裡——少數人家財萬貫，一般民眾餓肚子；為了石油開戰；兒童被槍殺、被虐死，槍枝製造業者和政客賺進沾染鮮血的髒錢——仁慈、人性和心軟都是不被允許的。仁慈和同理心的力量強大，會威脅到不公不義的社會。

那麼，權力是怎麼強行制止人們展現這些特質的呢？在厭女的文化裡，只要把它們貼上女性的標籤就行了。接下來，我們就能永遠將其視為沒有價值的女性特質，讓男人羞於展現出來。大功告成！再也不用去處理什麼亂七八糟、改變世界的溫柔特質了。我們可以繼續過日子，再也不會有共通的人類特質，用任何方式去挑戰既得利益者。

我站在那裡盯著電視，心裡回想，我從第一天起，就幫女兒做好準備，讓她們能努力爭取當個完整的人。此時此刻，我心想：

他媽的。

我還有一個兒子啊。

印象中，我不曾一面搖著搖籃哄兒子睡覺，一面說關於溫柔男生的故事。記憶裡，我不曾指著路過的男性說：「我打賭，他是一名詩人、老師、全職爸爸。」我不記得自己在別的大人說我的兒子很敏感的時候回說：「不是很棒嗎？個性溫柔是他的長處。」他開始上學以後，印象中，我不曾對他說：「你可以在這個世界上，當個安靜不語的人，你可以傷心，你可以憐憫別人，你可以渺小，你可以展現脆弱，你可以有愛心和對別人善良。你可以懷疑自己，這樣的你，一樣是男生。」印象中，我不曾對他說：「女生不是拿來征服的，她們的存在不是為了在男人的故事裡當配角。她們本身就是存在的理由。」

我希望我的兒子能保有人類特質。我希望他是個完整的人。我不希望他不健全，我希望他很精明。我不願意讓他順從地被關在牢籠裡慢慢等死，或被逼得要殺出自己的路。我不想讓他變得沒有自己的意識，被威權當成一塊用來在其四周建起堡壘的磚頭。

我希望他知道真相——他永永遠遠，可以自由自在地當一個完整的人。

我的兒子在學校是表現優秀的運動員。他還修難度很高的課，會整晚熬夜念書，一大早就起床練習。之前我總是把這當作讓他在家懶散不做事的藉口。我會在他去上學的時候幫他把房間整理好。我幫他洗衣服、收拾晚上留在起居室的垃圾。這種情況，一直持續到幾個月前，才有所改變。

有一天晚上，他說他想要寫作業，不想洗碗。我就讓他去做自己的事，由我、艾比和兩個女兒來收拾餐盤。那天晚上躺在床上，艾比對我說：「寶貝，我知道你是愛他，但你在寵溺崔斯，他在利用你的寵溺。」

我說：「哪有！」然後我躺在床上，開始盯著天花板，看了一個小時。

隔天我打開電視，看見廣告裡有一對新手爸媽。年輕媽媽把寶寶託給爸爸，那是她生產後第一天回職場。鏡頭跟著爸爸在屋子裡打轉，看見他們的語音助理 Alexa 用歡快的語氣，不斷提醒這名爸爸該做些什麼。媽媽前一天晚上就設好提醒事項：「別忘了早上九點要上音樂課！別忘了中午要餵奶，奶瓶在冰箱裡！你做得很棒！」觀眾看到這應該都愛死了媽媽的貼心吧。

但我唯一想到的是：這名爸爸剛來地球嗎？他第一天成為人嗎？他為什麼需要別人無時無刻仔細教他怎麼照顧自己的寶寶？如果今天是寶寶的媽媽在張羅一切，又會是怎樣的光景？除了替回歸職場做好準備，媽媽竟然還要在前一晚預先想好，隔天老公的每一分鐘該怎麼度過。她要預先設想老公和寶寶的每一項需求，然後再教 Alexa 如何在那一整天裡指引這名爸爸完成每件事，讓他完全不用動腦思考。但這名爸爸看起來是個成年人了，也很愛兒子的樣子。我想不出任何理由，足以說明這名爸爸沒有一點像老婆那樣照顧兒子的能力。他們都是新手爸媽，為什麼有一方會如此無助？

喔！我明白了。

隔天我列了一張要崔斯做的家務事清單。他沒有做完。我去問他為什麼沒做完，他說：「媽，我很抱歉，我明天有重要的物理考試。」

我說：「不，抱歉的是我，崔斯，我讓你接收到錯誤的訊息。我無意間讓你以為，在外面有好表現，比在這裡為家人服務重要。我讓你以為，家是有餘力才去維持的地方，在外面才要全力以赴。我得修正這個錯誤，方法就是告訴你底線：如果你不表現出對家中成員的尊重，我才不管你在外面贏得多少尊敬。如果你沒有把這件事做好，你在外面做的任何事都沒有什麼了不起。」

照顧別人、關心別人、付出愛、為他人服務，男孩子生來就很有做這些事情的潛力。我們不要再訓練他們放棄這些特質了。

多年前，有一次，我的前夫克雷格出門，跟小孩剛出生的老朋友吃晚餐。他們在外面待了好幾個小時，克雷格回家以後，我說：「把你們聊的都說給我聽！寶寶叫什麼名字？」

克雷格說：「嗯，我不知道。」

我說：「什麼？好吧。寶寶在家怎麼樣，好帶嗎？他們有沒有被寶寶弄得筋疲力盡？寶寶能睡過夜嗎？照顧都上手了嗎？」

「我沒問。」

「好吧。那他自己的母親還好嗎？癌症有沒有惡化？」

「他沒提。」

「等等，你們那兩個小時都聊了什麼啊？」

「我不知道，工作的事和足球？」

我記得那時我看著克雷格心想：就算給我全世界的錢，我也不要跟他交換身分。孩子還小的時候，少了真心的朋友跟我聊帶孩子有多難，我一定撐不下去。當男人一定很孤單。朋友應該要互相幫忙，一起度過難關，只能一肩扛起也太困難了吧。

我不想讓兒子被馴服成一個孤單的人。所以每次我開車載崔斯和他的朋友，不管開到了哪裡，只要我們一起擠在車上，我都會關掉收音機，對他們說：

這個星期你們有沒有遇到超級尷尬的事？

你們最喜歡傑夫、胡安、崔斯的什麼？

嘿，孩子們，你們覺得班上最孤單的同學是誰？

學校舉辦槍手掃射預防演習，大家都跟朋友一起躲在櫃子裡，那時你們心裡有什麼感覺？

我從後視鏡看到他們互相翻了翻白眼，然後開口表示意見。他們的內心有很多非常有意思的想法、感受和點子，令我刮目相看。

我記得有一次，有個男孩說出一件暴露了弱點的事，其他男孩在旁邊咯咯地笑。我說：「嘿，你們要記住，當你們在笑別人說的話的時候，你們不是在笑說話的人，你們笑的是自己。他勇敢說真話，你們也要拿出勇敢的態度，從容以對。人生很難，朋友應該要成為彼此的安全港。」

兒子跟女兒一樣都是人。他們需要得到允許，需要機會，需要有安全的地方對人展現自己的人類特質。讓我們一起鼓勵兒子和朋友不吝展現脆弱的一面，真實地交談吧。問一問他們的感受、人際關係、願望、夢想，不要讓他們到了中年，覺得自己只能討論運動、性愛、新聞和天氣。幫兒子成為不必獨自扛起人生的大人吧。

我有一個朋友名叫傑森。他告訴我，小時候，他都只能躲在廁所裡偷哭，因為爸爸媽媽討厭看到他掉眼淚。他們對他說：「你要當個男子漢。」

他告訴我，他跟老婆娜塔莎要用不同的方法教養自己的兒子。他們希望泰勒能安心地表達各種情緒，所以傑森選擇用更開放的態度，在老婆和孩子面前表現自己的情感，用身教告訴兒子：暴露脆弱的一面也沒有關係。講完之後他說：「或許是我自己這樣想，但我覺得，當我試著表現脆弱的一面，娜塔莎變得有些不自在。她說，她樂見我對事物敏感，但有兩次，我在她面前掉淚、承認自己心裡很害怕，我感覺到她退縮了。」

娜塔莎跟我是很要好的朋友，所以我直接問她這件事。我告訴她傑森說的話，她露出驚訝的表情。「真不敢相信他注意到了，但他說得沒錯。他哭出來的時候，我覺得很奇怪。我很不好意思這麼說，但我覺得有點反感。上個月他坦承自己擔心錢的事。我告訴他，我們會一起度過難關。可是，在心裡，我感覺到自己這樣想：老兄，當個男人吧。當個男人？天啊，我是個女權主義者耶，太可怕了，真是說不通。」

一點也不可怕，而且完全說得通。因為女人也中了文化的毒，認為男人必須符合某些標準才有男子氣概，所以當男人想要冒險踏出自己的牢籠，我們會覺得恐慌，而我們的恐慌會讓男人羞愧得立刻把自己再關回去。因此我們必須做出決定，我們是希望另一半、兄弟、兒子堅強地當個孤獨的人，還是希望他們得到扶持、自由自在地過生活呢？

或許，女人為了讓自己自由所應該要做的努力，其中有一部分，是讓我們的伴侶、父親、兄弟、兒子自由。男人和男孩哭泣的時候，你不需要說什麼話，也不需要加油打氣，你不必說「親愛的，別哭」，只需要用自在的態度，讓男人繼續溫和地展現身為人會感受到的痛苦。這樣他們就不必靠暴力來宣洩情緒。讓我們一起展現力量，換男人柔軟一回吧。不論你是男人、女人，還是跨性別、超越性別分類的人，我們一起找回完整的人類特質吧。

一些話

孩子們會聽到別人說什麼才是真正的女人和男人，那些都是謊言。

緹許九歲那年，我們一起去逛一間很喜歡的書店。走進書店時，緹許停下腳步，盯著一落雜誌架——一整牆的封面模特兒，髮色一個比一個金黃，身材一個比一個消瘦，表情一個比一個空洞，好像一群鬼魂和玩偶。緹許目不轉睛地看著。

我像平常那樣忍不住想去轉移她的注意力，催促她趕快往前走，把那些女生的樣子拋在腦後。可是她們存在於每個角落，不管我們走到哪，都無法不看到這些訊息。如果我們不插手和孩子們一起了解，孩子就得自己去想這些訊息代表的意義。

我用手臂環住緹許，一起靜靜地在那裡看雜誌封面，看了好一會兒。

我：很有意思，對吧？你覺得，關於什麼是女人，這些雜誌是怎麼說的？

緹許：我猜女人要很瘦才行，還要有一頭金髮。還要有蒼白的皮膚，化很濃的妝、穿很高的鞋子，穿得很少很少。

我：你對這樣的設定，有什麼想法嗎？你看看這間店。店裡的女人跟雜誌推銷的美女形象一樣嗎？

緹許看了看四周。有一名滿頭白髮的員工在我們附近整理圖書。有一名拉丁裔的女性，在擺放自傳類書籍的檯子旁邊，翻閱一本平裝書。有一名留藍色龐克風髮型、挺著大肚子的女人，正在和一名吃餅乾的幼童爭執。

緹許：不一樣，完全不同。

我們開車回到家，緹許就鑽進自己的房間。十五分鐘後，她打開房門，朝著樓下大喊：「媽！『請願書』怎麼拼？」

我用 Google 查了一下，真是個困難的單字。

過了一會兒，她下樓來到廚房，手上拿著一張手寫的海報，清了清喉嚨，開始唸：

請幫忙拯救人類特質

親愛的世界，這份請願書表示，我——緹許．梅爾頓——強烈認為，雜誌不該讓大家以為美麗只是外表。這不是真的。我認為雜誌應該要讓大家看見，女生可以強壯、善良、勇敢、有想法、獨特，也要讓大家看見，女生有各式各樣的髮型和身材。**所有女性都應該受到平等的對待。**

我好喜歡她的點子。

女性和男性還不夠平等，男女應該要平起平坐。

孩子們會聽到別人說什麼才是真正的女人和男人，那些都是謊言，我不可能不讓孩子吸進任何一點這樣的空氣，但我可以教他們怎麼對文化抱持批判的心態，而非照單全收。我可以訓練孩子察覺謊言，並對謊言感到生氣，不要把謊言吞下去，影響身心健全。

十二歲的我：那就是女人的樣子，我要跟她一樣。

十二歲的緹許：那不是女人的真相，我要挑戰這個謊言。

緹許：崔斯希望我上國中以後，跟他加入同一個社團，但我不想。

我：那就不要加入啊。

緹許：但我不想讓他失望。

我：聽著，如果你必須在讓別人失望和讓自己失望之間做選擇。你的職責是讓別人失望。你這一輩子，唯一的任務就是不要讓自己失望，為了辦到這點，你只好盡可能讓別人失望。

緹許：連你也不例外？

我：尤其是我。

八歲的緹許：凱芮不喜歡我。

三十八歲的我：為什麼？怎麼了嗎？我們來想想怎麼改善。

十二歲的緹許：莎拉不喜歡我。

四十二歲的我：好，這只是目前的實際情況，不是什麼問題。

十二歲的緹許：沒錯。

森林

我們不必替孩子想好答案。我們該做的，只是拿出足夠的勇氣。

我的朋友小咪告訴我，她念國中的兒子會待在房間裡，把房門上鎖，花好幾個小時玩手機。她很擔心。

「你覺得他是在看Ａ片嗎？」我問她。

「不可能！」小咪說：「不會吧，他年紀還那麼小！」

「我最近讀到文章說小孩平均十一歲就會看色情片了。」

「我的老天，」小咪搖搖頭：「我只是覺得，監視他怎麼用手機很糟糕，那是他的手機耶。」

「才不。帳單是你付的，那是你的手機，他是跟你借去用。」

小咪說：「我不太敢看，害怕會發現什麼。」

「我知道，我也是，每次都膽戰心驚的。」我向她坦承。「可是如果他已經發現網路上有色情片了呢？如果他已經迷失在那個世界裡了呢？你不想進去把他找回來嗎？」

「我只是不知道自己該說什麼。」

「聽我說，我知道有很多成人認為某些色情片能解放身心，但小孩會在網路上看到厭女的色情片，心靈因此受到荼毒。我們有必要向他們好好解釋，不要讓他們以為性愛等於暴力。我認為，就算孩子翻白眼，我們心裡頭害怕，說得支支吾吾，很尷尬，說點什麼總好過什麼都不說。

「要不試試這樣說：性愛是令人期待和美好的人類行為。會對性愛感到好奇是很自然的事，當我們產生好奇心，就會上網查資訊。

「可是透過網路去認識性愛會有一個問題：你無法分辨是誰在教你。有些人無所不用其極，利用性愛，把性愛包裝成商品在網路上販售。他們賣的不是真正的性愛，裡面少了情感交流、尊重和溫柔，要有這些元素，性愛才會吸引人。

「販賣色情片的人就像毒販。他們賣的東西，能引起一陣短暫的快感，讓人誤以為那就是快樂，但那種東西會扼殺掉真正的快樂。長期吸毒會讓人寧願享受短暫的快感，而不去追求生命中真正的快樂。很多年紀很小就開始看A片的人會對那種快感上癮。最後，反而很難和真正的人一起享受真實的性愛。

「想要從色情片來認識性愛，就像從嗅聞加油站販賣的空氣芳香劑，來認識山上的空氣。等你終於去到真正的山裡，吸一口純淨天然的空氣，你會覺得很困惑。你或許會覺得，山裡的空氣聞起來，應該要跟冒牌的人工芳香劑一樣。

「我們不希望用性愛很糟糕來當作禁止你看色情片的理由。我們希望你現在不要看色情片是因為真正的性愛——有愛、有人性、會展現柔情的性愛——棒極了。我們不想讓冒牌的性愛，毀掉你將來接觸真實性愛時的樂趣。」

「你覺得這樣說好嗎？」我問小咪。「別因為你太害怕，不敢進去森林找他，就把這個好孩子獨自留在森林裡。」

我們不必替孩子想好答案，我們該做的，只是拿出足夠的勇氣，踏進森林，和孩子們一起提出困難的問題。

我們可以做到困難的事。

奶油乳酪

什麼都要給孩子最棒的，能讓孩子成為最棒的人嗎？

有天下午，我打開信箱，看見一封標題寫著「媽媽，該你了！」的電子郵件。這封信是要提醒我，輪到我為孩子在學校參加的體育隊伍，準備晨間練習後要吃的早餐了。每天早上，都有一名家長會把整包貝果、奶油乳酪、果汁和香蕉送到學校去，在孩子練習時把自助早餐擺設好，讓他們練習完可以享用。

輪到我送早餐的前一天晚上，我收到另外一封電子郵件。寄件人是體育隊成員的媽媽。她要告訴我，她在操心一件事情。她覺得，家長們給孩子的奶油乳酪選項不夠多。舉例來說，上星期五，只有兩種奶油乳酪可以選，好多小孩兩種都不喜歡，只好吃「沒有」塗奶油乳酪的貝果。她提出解決辦法：「學校附近有一間貝果店，有賣五種不同口味的奶油乳酪。可以請你都提供嗎？」

五種口味的奶油乳酪，統統提供。

五種口味的奶油乳酪不會讓孩子覺得自己被愛。

五種口味的奶油乳酪會讓孩子變成渾球。

但我就是那種提供很多口味選項的家長。我的朋友都是提供很多口味選項的家長。會變成這種能給就給的奶油乳酪家長是因為，我們照著那張記事條做事：什麼都要給小孩最棒的，才是成功的家長。我們會變成奶油乳酪家長是因為，我們沒有停下來問一問：什麼都要給孩子最棒的，能讓孩子成為最棒的人嗎？

何不修改一下記事條內容呢？如果我們認定，成功的家長要努力確保所有孩子都有足夠的東西，不是只讓我們自己的孩子擁有一切，會如何？如果我們發揮母愛的時候，不要像雷射光，把我們自己的孩子燒出一個洞來，而是學習太陽的精神，確保所有孩子都暖洋洋的，又會如何呢？

三壘

擁有一顆柔軟的同理心，重要得不得了。

某天早上我起床後，讀到一篇關於美國南方邊境的報導。文章裡寫，有爸媽帶著才四個月大的小孩來這裡尋求庇護，但小孩硬生生地被人從爸媽懷中帶走，在沒有任何說明的情況下，用廂型車直接載到拘留中心。我上網搜尋其他美國人對這起事件的反應，心想大家應該都跟我一樣心碎和氣憤吧。有些人的確很生氣，但有些人態度強硬。我讀到一則又一則的留言，寫著：「是很不幸沒錯，但如果他們不希望有這樣的遭遇，那就不應該入境。」

一開始就站在三壘上是一種優勢；一開始就站在三壘上，卻以為自己打出三壘安打，不僅占了優勢，還很無知；一開始就站在三壘上，卻抱怨有人在球場外挨餓，不懂耐心等待，這樣的人不僅占了優勢，心腸還很壞。

對我來說，絕望是一種身體反應。每次看到令人心碎的畫面和冷酷的回應，我都有一種希望被人從身體抽乾的感覺。希望是一種能量，那天早上，我失去了希望，也沒了能量，下午三點鐘，我就關電腦，上床睡了。艾比替我蓋好棉被，親了親我的額頭。我聽見外面，女兒在走廊問：「媽咪還好嗎？」艾比說：「她會沒事的。她現在正在感受著一切。她得感受一切，才能好好利用這些感受。我們就等一等吧。讓媽媽好好睡一覺。等她醒來，就會有很了不起的事情發生。」

何不讓自己感受一切呢？何不把「讓別人的痛苦滲透進來」視為一種強項，不把它當作弱點呢？何不讓生命和世界為了值得的事物，暫時停止一下？何不舉起手發問：「我們能不能在這裡停一下下？我還沒準備好下課休息。」

我睡了十二個小時，凌晨三點醒來，感覺自己渾身是勁。艾比從臥室走出來的時候，我已經在餐廳布置了一個指揮中心。她看見我的表情、成堆的紙張和寫滿電話號碼和點子的畫架，就明白了。她看著我說：「好的，寶貝，就這麼辦。但首先，來杯咖啡。」

太陽一升起，我們就打電話給「共同成長基金會」（Together Rising）的成員：我妹妹、愛莉森、麗茲。她們之中有一個人在度假，一個人正在處理一件工作上的大案子，另一個人正在照顧生病的親戚。她們都放下手邊的事，分別在海邊小屋、辦公室、病房，布置好自己的指揮中心。我們開始應對重大的人類危機，行動一如往常：先連絡親身了解難民危機的民眾，問問他們知不知道，有哪些組織能夠以智慧、效率、誠信來回應這場危機。

共同成長基金會的宗旨，是幫助大家將共同的心碎感轉化成有效行動。做法是為兩群戰士搭起一座橋：一群是在世界各地過著平凡日子的戰士，他們出現在廚房、車子、辦公室裡，拒絕漠視發生在遙遠國家或自身社區的危機；另一群是實際投身，致力於療癒世界、拯救生命的戰士。共同成長基金會最常收到單筆二十五美元的捐款。儘管金額不大，但基金會已經利用超過兩千萬美元的捐款來搭橋，化心碎為行動。

共同成長基金會不是戰士，我們在尋找戰士。這項工作非常重要。因為最有成效的公益團體，往往不是那些經常收到捐款的大型知名組織。在我們合作過的對象裡，最敢衝鋒陷陣的是由女性帶頭的小規模雜牌軍——他們深受被害社區信任，而且身段靈巧，能夠即時反應。我們的工作是找出這些團體，問他們繼續抗爭需要哪些資源，仔細傾聽他們的意見，然後把他們引介給被心碎感帶來尋找我們的人。我們的捐款人想要幫這些戰士獲得需要的資源，讓他們繼續奮鬥下去。

因此，我們寫了一篇文章，報導政府在邊境做了哪些殘酷的事，並且告訴大家有一些戰士正在努力終結這樣的罪行。我們在自己的社群裡張貼文章，一些勇敢又富有同情心的藝術家幫忙大力轉發。短短九小時，我們就募集到一百萬美元，幫助難民家庭團聚。我們在前幾個星期總共募得四百六十萬美元。接下來一整年，我們繼續為戰士們募集資金，並和其他組織一起要求政府負起責任，把那些兒童送回父母的懷抱。

有一天早上，我在網路上放了妹妹護送六歲男童艾瑞爾和家人團聚的影片。十個月前，艾瑞爾的爸爸帶他來到美國南方邊境尋求合法庇護，艾瑞爾卻自此與家人分離。他們抵達邊境時，美國邊境巡邏隊把艾瑞爾從爸爸的臂懷中強行帶走。艾瑞爾的爸爸懇求巡邏隊將他們一起遣返回國。走到這一步，他只希望能夠要回自己的兒子，但巡邏隊拒絕了他的要求，將他遣送回國，並將艾瑞爾單獨送到政府設置的居留所。這名父親只好回到他們原本居住的社區——此地深受赤貧之苦，幫派分子橫行。他告訴老婆，兒子回不來了。

當共同成長基金會資助的宏都拉斯團隊找上他和艾瑞爾的媽媽，他們早就放棄希望，覺得再也無法與兒子相見。一個月後，共同成長基金會團隊成員和艾瑞爾的爸爸、媽媽、姊姊一起在美墨邊境站了九個小時，相關單位才同意依照法律讓這家人入境申請庇護並接回艾瑞爾。我妹妹陪艾瑞爾的父母入境一星期後，在華盛頓特區接了艾瑞爾，把他載到機場，等待與家人團聚。艾瑞爾告訴我妹妹，他很擔心，因為他記不得爸媽的樣子。妹妹把手機拿出來，給他看父母的照片。認出家人讓他鬆了口氣，臉龐綻放出燦爛的笑容。幾分鐘後，艾瑞爾快步奔向父母親的懷抱——十個月的痛苦分離，在此刻告終。我貼的機場團聚影片令人難以忘懷：既美好，又殘酷得不得了。網友紛紛留言感謝我們，也有很多人義憤填膺。

那天下午，我站在女兒學校的走廊，有一名媽媽向我走來，說：「能聊一聊嗎？」她的語氣讓我不舒服，感覺胃在下沉。我說：「沒問題。」然後我們走到外面。

她開始說：「我在社群網站追蹤你，追蹤很久了。但我今天取消追蹤了。」

我說：「好。聽起來你為自己做了正確的決定。」然後我準備走開。

但她繼續說：「恕我直言，我得問一問：你為什麼不像保護非法難民那樣，去用心保護美國呢？我們遵循法律，他們也應該要守法。是這樣，我讀的文章寫著，很多家長明明知道孩子可能被帶走，他們心知肚明，卻還是要越境。不好意思，當我看著女兒，我心裡一直想：我無法想像有人那樣做。我真的無法想像。」

我看著她，心想：真的嗎？你無法想像賭上一切、想盡辦法，只為了給孩子一個獲得安全保障、希望和未來的機會？你可能沒有那些家長勇敢吧。

當人們說出「我無法想像」的時候，分成兩種語氣。

第一種是謙虛、敬畏、柔軟、感謝的語氣。此時無聲勝有聲，表示「若非上帝恩典，恐怕我也無法倖免於難」。

第二種語氣，也就是這位女士使用的意思，就不同了。它代表了不屑和批評，換句話說就是「我就絕對不會那樣」。此時我們像唸咒語般說出「我無法想像」，好比脖子上戴著一瓣驅邪用的大蒜，不讓恐怖事物傳染給我們。我們找理由、找替罪羔羊，只為了確保自己永遠不會發生這件駭人聽聞的事。批評別人是自我保護的行為，這是我們加諸自己的牢籠。我們希望能因此隔開危險，但它只會阻擋溫柔和同理心。

當時在那條走廊上，我發現，如果人們使用的是第一種語氣，他們已經在發揮想像力了。他們把想像力當成一座橋梁，連結已知和未知經驗。他們設身處地為他人著想，成為一個溫柔的人。因為他們跨出一大步，發揮神奇的想像力，以某種方式，看見和感受到其他人可能看見或感受的事。我就是在那個時候意識到，想像不僅能催生藝術，還能催生惻隱之心。兩個人、兩種文化、兩種意識形態、兩種經驗之間，最短的距離就是想像。

我的女兒艾瑪正在讀五年級，班上有個名叫湯米的小男生。湯米每次都不交作業，所以孩子們永遠拿不到老師說大家守規矩就可以得到的獎勵。湯米經常在上課時間睡著，老師總是不得不停下來把他叫醒，所以課程進度被打亂，老師的脾氣也跟著暴躁起來。艾瑪非常不能理解湯米的行為。

有一天，艾瑪放學後走進家門，把書包丟在地上說：「又來了！他又忘記寫作業了！我們永遠不可能辦披薩派對了，想都別想！為什麼他就是不能做好自己的事情？」

幸好，那時我想起想像的力量。

我　：真是令人氣餒啊。

艾瑪：就是說！

我　：寶貝，你試著想想看，湯米為什麼會不寫作業？

艾瑪：因為他不負責任。

我　：好，你覺得你是個負責任的人嗎？

艾瑪：對，我是。我每次都有寫作業，而且我從來不會在上課的時候睡著，我就絕對不會那樣。

我　：好，你是怎麼學會每次都把作業寫完的呢？

艾瑪：你教我一放學就要先把作業寫好。你每天提醒我！

我　：好，你想想，你覺得湯米的爸媽會在家裡，像媽媽這樣，跟他一起坐下來，確定他把作業寫完嗎？

艾瑪：一定沒有。

我　：另外就是，寶貝，你想想，湯米白天為什麼那麼累？

艾瑪：他一定很晚才睡覺。

我　：你想想，如果沒有我們在家要求你時間到了上床睡覺，你會到多晚都不睡覺呢？

艾瑪：我會整晚不睡！

我　：那你覺得到了白天，你會怎樣？

艾瑪：我很有可能會一直睡著。

我　：那就對了。或許你跟湯米也沒有多不一樣。艾瑪，你懂得負責，但你也是個很幸運的孩子。

艾瑪還是覺得湯米的行為很惱人，但她會用想像力去保持一顆柔軟開放的心。她知道怎麼換位思考。我不確定想像內容正確與否重不重要。我只知道，擁有一顆柔軟的心，重要得不得了。她正在學習如何運用想像力，連接起自己和別人的經驗。這項能力以後會成為她的利器，幫助她發展人際關係，進一步讓世界變得更美好。我認為，如果孩子能練習去想像同學為何忘記交作業，那她長大以後，應該就能想像，一名父親為何會賭上一切，背著孩子，千里迢迢橫越沙漠。

島嶼

要繼續當個聽話的乖女兒，還是成為一名負責任的母親，你只能從中選擇一樣。選擇成為母親這一邊吧。

親愛的格倫儂：

我的女兒今年十幾歲，正值青春期。剛才她從寄宿學校打電話告訴我們，她是同性戀。我們相信愛就是愛，很替她高興。但我有個問題：我的爸媽現在在我們家過聖誕節。他們是基督教基本教義派信徒，我知道，他們會用一整個假期，想盡辦法讓我的女兒覺得羞愧，達到「扭轉性傾向」的目的。我該怎麼處理這個件事？

M敬上

親愛的M：

艾比和我愛上對方的時候，我們保密了好一陣子。後來，我們決定一起建立新生活，才開始把我們的關係告訴別人：我們的孩子、父母、朋友和全世界。人們對我們的消息反應很大，有時讓我感覺害怕、生氣和嚴重暴露在不安全感裡，也築起了防衛心。

艾比很清楚，譬喻是我用來理解人生的好方法。

於是有天晚上，她告訴我：

「格倫儂，我希望我們可以把我們之間的愛當成一座島嶼。我們的這座島上有你，有我，有孩子們——還有真實的愛。它是愛情小說裡描寫的那種愛、人們窮盡一生想要追尋的愛；它是人們夢寐以求的聖物，珍貴至極。這一份愛，屬於我們，它還很年輕、很新，所以要保護它。想像一下，我們用有短吻鱷的護城河將它包圍。我們不會把吊橋放下，讓任何人的恐懼進入島嶼。這座島上只有我們和愛。其他東西都留在護城河外吧。留在那裡，就傷不了我們。我們在這裡，在我們的島嶼過著幸福快樂的日子。任由其他人在外頭發出恐怖或厭惡的呼喊，不管什麼都讓他們去吧。我們連聽都聽不到。這裡有聽不完的美妙樂音。寶貝，這裡只有愛。」

每一次，有網路酸民、記者或基本教義派牧師說出自以為是的評論，我都面帶微笑，在腦海中想像對方臉部漲得跟番茄一樣紅，在護城河對岸大吼大叫，而我、艾比還有孩子們，則是繼續在我們的島上跳舞，完全不被影響。可是，當我最要好的朋友、支持我的人還有我媽媽，雙手捧著恐懼出現在護城河對岸，要我們降下吊橋，事情就變得比較複雜了。

媽媽住在維吉尼亞，我們住在佛羅里達，但我們每天都會通電話。我們的生活錯縱複雜地交織在一塊兒。最近有一次，我們在睡前講電話，媽媽問我明天早上有什麼計畫，我提到我預約好要去剪頭髮，考慮要不要剪個瀏海。然後我們就互道晚安，掛電話了。隔天早上六點鐘，我的手機響了。

「親愛的，抱歉這麼早打給你，我整晚擔心得睡不著。女兒，我覺得剪瀏海不妥。你不適合瀏海，每次剪完都很後悔，衍生出一堆事情。現在你的生活壓力已經夠大了。親愛的，我真的很擔心，你去剪瀏海，對你們一家人來說，會是一個錯誤的決定。」

如果決定剪個瀏海，都能讓我媽媽整晚睡不著，那你應該能想像，她對我和前夫離婚、嫁給女人會有怎樣的反應。我能在她提出的每一個問題，以及問題之間的冗長沉默，聽出她心頭的恐懼。可是孩子要怎麼辦？同學會不會說些什麼？世界有時很殘酷。她被動搖，我也因此動搖。那天她叫我不要剪瀏海。後來呢？我沒有剪。我的媽媽好愛、好愛我，所以我總是深信，她知道什麼對我最好。

會令我們感到害怕，而不敢聽從覺知的，不是外界的冷言冷語，而是愛我們的人心裡的默默擔憂。媽媽的恐懼開始把我推離知道的感覺。我失去心中的平靜，開始生氣和築起防衛心。我花了好幾個星期在電話上跟她談，向她解釋我的想法，希望能說服她，讓她知道我清楚自己在做什麼，而且不會怎樣。有天晚上我跟妹妹講電話，想要事先做好心理建設。我把最近一次跟媽媽的談話複述給妹妹聽。妹妹插話：「格倫儂，你為什麼防衛心這麼強？防衛心是給害怕所有物被搶走的人用的。你都已經長大成人了，想要什麼都可以，沒有人可以把它從你身邊搶走，連媽都搶不走。你的就是你的，格倫儂，艾比是你的。」

我們掛上電話。我心想：媽媽很愛我，但她不贊同對我最好的事物。我必須決定要相信誰：是相信媽媽，還是相信自己？這是我有生以來第一次決定相信自己——即使那麼做代表會和父母的意見背道而馳，我也要相信自己。我決定了，我要讓自己高興，而不是取悅父母。我決定了，我要為自己的人生、自己的幸福和家庭負起責任。而且，我決定，我要用愛來實踐一切。

這一刻，我成為了大人。

那天晚上我告訴艾比：「我不要再多花任何時間去向別人解釋自己的想法，或去證明我們在一起沒有不對。解釋是讓恐懼設下牢籠，我們並不是在接受審判。沒有人可以把我們擁有的東西搶走。不斷告訴爸媽我們過得很好，無法說服他們相信我們很好。我認為，想要讓別人相信你過得很好，唯一的辦法就是去讓自己過得很好，讓他們自己看見。我不想再用我們的島嶼去當傳播福音的工具，太累人了。每一次我去嘗試讓別人相信我們很好，我就不是在這裡好好地和你待在一起。我要為我們的島嶼加一塊招牌，招牌正面不是面向外界，而是朝向裡面，用來提醒我們。上面寫：『只散播愛。』」

沒有恐懼進來，就沒有恐懼出去。

只有愛能進來，所以我們只散播愛。

隔天，兒子參加越野賽跑。當天的氣溫接近攝氏四十度。我站在一棵樹下，邊乘涼邊和媽媽講電話。她說想過來看看孫子和孫女。壓抑顫抖的語氣，透露出她心裡的焦慮。她依然很擔心，她認為，那是愛的表現。她還是無法相信我自己的認知。但這是我有生以來第一次相信自己的認知，我信任自己心裡那股知道的感覺。

所以有了下面這段故事。故事裡，一名母親和她的女兒，都以母親的身分展開對話：

我說：「媽，不行，你不能來。你還很害怕，你不能把恐懼帶給我們，因為我們的孩子並不害怕。我們教孩子要尊敬和讚揚各式各樣的愛和真實。他們還不明白你心裡的那種恐懼感，我不要讓他們從你的話語和眼神，學到那種恐懼。你害怕世人會把我們一家拒於門外，但其實，你的恐懼造成了你所擔心的拒絕。孩子們並沒有你懷抱著的那種恐懼，但當你把恐懼帶進來，孩子們出於對你的信任，就會幫你一起抓著恐懼。我不希望把不必要的負擔加諸在他們身上。

「對我，對艾比，對克雷格，還有你的孫子孫女來說，這個選擇會是最輕鬆的一條路嗎？當然不是。但它是最貼近真實的做法。我們在成為最真實美好的一家人、建立最真實美好的家庭。我衷心希望，在將來，很快會有一天，你也能和我們一起享受這份快樂。但不是由我們去教你愛我們和接納我們。這件事雖然難以啟齒，但我不得不說：你的恐懼不是我、艾比或孩子們的問題。身為孩子們的母親，我有責任確保那永遠不會替他們帶來問題。我們沒有問題，媽媽。希望你很快也能擺脫問題，加入我們。

「這是我最後一次跟你談你替我們擔心的事。我很愛你，但是媽媽，你得自己釐清。等你準備好，只帶著一顆全然接納的心來到我們的島嶼，用滿滿的喜悅，為我們這真實美好的家庭開心慶祝，我們就會降下吊橋迎接你。可是一定要等到那時才行。」

媽媽沉默許久，接著說：「我知道了。我會好好想一想。我愛你。」

我們掛上電話。我步出樹蔭，走回家人身邊。

M，請聽我說。

你的島上有個孩子，她正在做許多孩子都辦不到的事：她離開了自己的地標樹。她的這棵樹還小，只是島上的一棵幼苗。請不要敞開大門，讓風暴進來，在小樹苗還沒來得及扎根，就把樹捲走。

請為了她，好好保護你的島嶼。她的年紀還太小，不能當吊橋的守門人，替她看好吊橋還是你要負擔的責任。別把你們家的吊橋放下去迎接恐懼——即便恐懼來自她愛的人也不行，尤其是，以上帝之名存在的恐懼。

當一個女人停止當個乖女兒；當她終於明白自己在創造和父母不同的事物；當她開始不理會父母的要求，而是依照自己的標準建立島嶼；當她終於明白，她沒有責任去說服島上的所有人接納、尊重她和她的孩子，她就成為了一名負責任的母親。她的責任是歡迎他們愛著的人，只讓那些已經懂得，而且會去尊重她和孩子的訪客通過吊橋。

今晚，請和陪同你一起建造島嶼的人坐下來，懷著敬意，用心討論出島上要有什麼、不能有什麼。不是去決定哪些人禁止入島，而是哪些東西禁止入島。除非是你們允許島上存在的事物，否則不能把吊橋放下，不論是誰要把它帶進來都不行。

此時此刻，要繼續當個聽話的乖女兒，還是成為一名負責任的母親，你只能從中選擇一樣。

選擇母親這一邊吧。從今往後，當你該死地必須選擇，你都要選擇母親這一邊。

你的父母有過這段建造島嶼的經歷。

換你了。

大石頭

你付出愛的能力並非來自父母。
你可以付出自己未曾擁有的愛，這是奇妙的恩典。

親愛的格倫儂：

我才把剛出生的女兒從醫院帶回家。我把她連背帶一起放到地上時，忘了該怎麼呼吸。我不知道怎麼辦，害怕極了。我的媽媽沒有給我足夠的母愛。我每天都至少會出現一次這樣的念頭：為什麼她不愛我？是她出了什麼問題……還是我有問題？如果問題出在我身上呢？要是我從來沒有懂過什麼是母愛，我如何知道該怎麼當個好媽媽？

H上

親愛的H：

我要告訴你，我所知道的事。

父母是愛著子女的，在我見過的例子，無一例外。

愛是一條河流，有時候會出現阻礙，讓愛無法繼續流動。心理疾病、成癮問題、羞愧感、自我感覺良好，以及宗教或文化團體散播出來的恐懼感——都是妨礙愛之河流動的大石頭。

有時奇蹟出現，大石頭被移開。某些家庭會經歷一段「搬走石頭的奇蹟時光」。很多家庭都沒有這樣的經驗。它毫無道理可言，沒有任何一個家庭能夠憑藉努力，去贏得石頭搬走的體驗。付出再多、再純粹的愛，都無法換來對方的治癒。

但只要媽媽恢復健康，孩子就會感受到母親的愛。大石頭被移開，水就會再次流動。河裡的水如此流動，父母的愛亦然。

你的父母、你的姊妹、朋友，以及無法愛你的人，他們的愛被擋住了。愛還在那裡——它在原地打轉，愈演愈烈，波濤洶湧的愛急切地等待釋放。它就在那裡，為你而生。那一份愛的確存在，只不過，它跨越不了大石頭的障礙。

你可以相信我，因為我曾經是一條被阻礙的河流。癮頭這塊大石頭擋住了我的愛，家人只能從我這裡感受到痛苦和我的缺席。我爸爸過去常問：格倫儂，為什麼你要這樣？為什麼你要當著我的面撒謊，對我們這麼壞？你到底愛不愛我們？

我愛他們。我感覺到所有的愛在原地打轉，愈演愈烈，它帶來的壓力，讓我感覺自己會被它殺死。但他們感受不到任何一丁點的愛，他們認為這份愛並不存在。

後來我移開石頭——戒掉癮頭了。這件事本身就是奇蹟，但過程非常艱辛。最後，我的愛終於能再次流向我在乎的人。因為我一直都是河流，不是那塊大石頭。

經常有內心絕望的人問我：「怎麼做？你是怎麼戒掉癮頭的？你的家人做了什麼？」

他們什麼都試過了，但沒有一件跟我的痊癒有關。世界上的所有愛都無法移開河裡的大石頭，因為移開石頭這件事，不是發生在被阻礙的人和愛他的人之間，而是完完全全發生在，被阻礙的人和他的上帝之間。

H，我覺得非常遺憾。

你值得擁有媽媽給你的愛。你值得日日夜夜，被她的愛淋透全身。

但現在，請你聽我說。

你可以付出自己未曾擁有的愛，這是奇妙的恩典。

你付出愛的能力並非來自父母。愛人的能力，源頭並非父母，而是上帝。你是你自己的源頭，你的河流滾滾流動。

日日夜夜，用愛淋透你的寶貝女兒吧。

不受阻礙地流動。

腥風血雨

願我們生活的社群，每一個人都能活出最真實的自我，
這真正的自己，既自由又有人接著。

數以千計的讀者，從全美各地前來參加《為愛而戰》的巡迴宣傳活動。他們期望看到，我像平常那樣，對生活大小事實話實說。但這是十年以來第一次，他們並不真正了解我正在經歷的人生。我告訴大家我和克雷格正在辦離婚，但我沒有告訴他們，我愛上艾比了。

我得做出決定：我可以選擇在自己還沒準備好之前，就告訴大家我有新的交往對象，或是選擇站在讀者面前，隱瞞人生最重要的一件大事。第一個選項雖然很可怕，但我很清楚要選擇這條路，因為我有一項「唯一的堅持」，就是要保持清醒。對我來說，清醒代表的不只是戒除癮頭，它也代表重新展開人生，用健全方式過生活：要確保內在

和外在的我融合一體。健全代表只有一個自己。若是將自己一分為二，一個展現在外，一個隱藏在內，那叫作破碎。我要盡一切所能保持完整，不要為了迎合世界調整自己。無論身在何處，我就是我。我要讓世界自己去調整。

我永遠不會去承諾我要怎麼做，只會以我這個人的樣子——任何一種我的樣子——出現在大家面前。就是那樣，僅止於此。別人有可能喜歡或不喜歡我，但讓別人喜歡並不是我的唯一堅持，健全才是。所以，我要好好生活和說出真相。人們有可能繼續或不再與我往來，無論哪一種，都好。反正說實話會讓我失去的人事物，本來就不屬於我。若我得隱藏自己的一部分，才能保有某一樣東西，這種東西我寧願失去。

所以，我決定告訴全世界我愛上艾比。公開這件事的前一天晚上，我們團隊的人說：「來了，明天將掀起一場腥風血雨。」我明白大家心裡的惶恐。我知道人們會很驚訝，會有一大堆的問題和情緒。

有些人會用讚賞的語氣說：「我非常尊重你的決定，是什麼給了你這樣做的勇氣？」有些人會鄙視地說：「我尊重你的決定。但你怎麼有權利這麼做？」

我知道，不管面對哪一種反應，我都只有一個答案：

我離開前夫，和艾比展開新生活的理由，跟十八年前戒酒當媽媽的理由是一樣的。

因為我突然能夠想像，還有一個我，會比從前活得更真實美好。我所秉持的生活之道告訴我，我要勇於想像最真實美好的人生、家庭和世界——並召喚出勇氣，使想像成真。

三十幾歲的時候，我了解到，我想要去感受某種人生在世不得不感受、必要、十足的痛苦，失去美好事物——信任、夢想、健康、寵物、感情、珍愛之人——的痛苦。這種痛苦是愛的代價，想要敞開心房勇敢過日子，就得承受這樣的代價；我願意付出代價，換得我要的生活。

可是，另外還有一種痛苦，它並非來自失去美好的事物，而是來自永遠不去嘗試擁有美好的事物。

我在自己的人生裡感受到那樣的痛，也在別人的臉上認出來。我看見女人在自己心愛的人身旁，卻孤單得不得了，眼裡充滿了渴望；我看見女人儘管不開心卻還是微笑，眼中盛裝著憤怒；我看見女人為了孩子，不是活著，而是逐漸死去，眼中只剩下屈從。我也聽見了女人的痛。當女人描述如何假裝高潮，好下床摺完洗好的衣服，我在苦澀的心情裡聽見痛楚；女人說自己有話要說，卻始終開不了口，我在絕望的心境中聽見痛楚；女人說她接受了不公平的生活，但她只要勇敢一點，就能帶來改變，我在憤世嫉俗的話語中聽見痛楚——這是女人慢慢放棄自己的痛苦。

我現在四十歲了，如果我選擇再一次感受那種痛苦，也太糟了吧。我離開前夫和艾比展開新生活，因為我現在是成熟女人，我他媽的想做什麼就做什麼。我是帶著深深的敬意和愛認真說出這句話，我也非常希望，你同樣能在自己僅有的珍貴一生，他媽的想做什麼就做。

真相是，你如何看待我的人生一點也不重要，但你如何看待自己的人生，重要至極。批評只不過是我們生活的另一種牢籠，它讓我們不必去感覺，不必去知道，也不必去想像。批評是自我遺棄。你來人世間不是為了浪費時間評判我的人生對你來說夠不夠真實美好。你來這裡是要弄清楚，你的人生、感情和世界，對你來說夠不夠真實而又美好。如果不夠，那你要有勇氣承認。你必須想清楚，你有沒有勇氣、有沒有權利，甚至有沒有責任，去把不夠真實美好的部分燒光，開始重新建構人生。

現在的我，就是在示範這件事。我希望我們都能這麼做。我希望大家都能自由自在地，在我們自己的感受、覺知、想像裡成長，把心力多投入在自己的快樂、自由和健全上，不要去刻意操控別人如何看待我們。我希望我們拒絕背叛自己。因為此時此刻，要讓世界更進步，必須要有一個又一個的女人，去過最真實美好的人生，不須請求別人的允許，也不須向旁人解釋。

隔天早上，我起床，先替自己倒了點咖啡，然後我打開電腦，深深吸了一大口氣。接著，我把艾比和我依偎在前廊搖椅的照片張貼給全世界的人看。照片中，艾比隨手撥著吉他，我們兩個都直直看向攝影鏡頭，表情堅定、滿足、安定、放心。我寫了我和艾比墜入情網，計劃共度人生，並和孩子們以及孩子的爸一起打造新生活。我就寫了這些話而已。我很小心，沒有道歉，沒有解釋，也沒有試圖說服別人這是對的。就這樣吧。然後我離開電腦，提醒自己我有責任說出真相，但別人有怎樣的反應，那不是我該負責的。我已經做了自己該做的事。

一個小時後，妹妹來電，電話中的聲音在顫抖。她說：「老姊，你一定不相信現在發生什麼情況。請你坐下來，看看大家怎麼說、怎麼做。你看，社群的人都站出來支持你和艾比。」

我登入社群網站，看見大家寫下數千則慷慨、善良、親切、聰明、仁厚、溫柔、細緻入微的留言。這群人知道，他們不必很了解我，也能愛我。沒有腥風血雨，反而比較像一場洗禮。他們彷彿在說：「格倫儂，歡迎你來這個世界，我們接住你了。」

那天晚上朋友打電話給我，說：「格倫儂，我一整天都在想這件事：你為其他女性建立一個社群，但也許，這個社群其實是為你而生。你花好多時間編織這張網子，為的就是，有一天讓它接住你。」

願我們生活的社群，每一個人都能活出最真實的自我，這真正的自己，既自由又有人接著。

種族歧視

我會繼續犯錯，唯有如此，我才能更貼近正確。
當我被人糾正，我會敞開心房，繼續學習。

我從十一歲開始治療暴食症。那時心理健康界對飲食失調的看法和今天不一樣。生病的孩子被認為是不堪打擊而頹靡不振。那時人們還不知道，許多生病的孩子其實是擺放在煤礦坑裡的金絲雀，他們被動地吸進了存在於家庭或文化空氣，或同時存在於兩者之中的毒物。於是，我被單獨送到心理師和醫生那裡接受治療。他們想要修好的，並不是我所吸入的毒氣。

高中時期，我終於遇到一位心理師要求家人參加療程。諮商開始幾分鐘後，她轉向我爸爸，開口問他：「你覺不覺得自己或許無意間導致格倫儂生病了？」爸爸非常生氣，站起身，走出診療室。我懂原因。我爸爸人生最重要的一項任務就是當個好爸爸。

他緊緊抓著好爸爸的身分，不敢去想像，或許他在某方面傷害了自己年幼的女兒。在他心裡，好爸爸不會造成家庭的失衡。但好爸爸當然可能引發失衡，而且屢見不鮮。這是因為，好爸爸也是人。站在現在回想過去，我看見了，我們家有過一些關於食物、控制和身體的觀念需要挖掘出來，攤在陽光下好好清理，全家人才會活得健康。但當時爸爸拒絕向內檢視，我長久以來孤立無援。除了我，他們都不把自己的內在攤開來。

那天在診療室發生的事，過了幾十年後，川普選上了總統。朋友在電話裡對我說：「真是世界末日，看吧，這個國家要完蛋了。」

我說：「希望如此。末日前天降異兆，代表揭開真相，你必須揭開真相，才能恢復正常。」

她說：「天啊，別來那套康復的論調了，我現在不想聽。」

「不行，聽我說，我覺得我們走到谷底了！那或許意味著，我們終於準備邁出步伐。或許我們會承認，這個國家已經管不住了，於是我們盤點僅剩的道德，好好面對人盡皆知的家庭祕辛：儘管這是一個以『人人可享自由正義』為基石的國家，但無數生命在建國的道路上被殺害、被奴役、被強暴、被征服。或許我們會承認，人人可享自由正義，對象向來僅限富有的白人異性戀男性。之後一家人或許會齊聚桌邊——女人、同性戀者、黑人、棕皮膚的人、掌權者——大家一起展開漫長艱辛的修復過程。我曾親眼看見人們和家庭這樣痊癒，或許國家也能經由這個過程恢復生機。」

我說得義憤填膺。但我忘了，生病的體制來自一群生病的人，像我一樣的人。大家都要留在診間，掏挖出自己的內在，才有可能痊癒。在一個家庭裡，必須要每一名家人都康復了，這個家才會康復。

我和朋友講完話，沒過多久，我坐在起居室的沙發上，拍了拍左右兩旁的空位，對兩個女兒說：「女兒們，過來吧。」她們坐下來，抬頭看我。我告訴她們，在她們睡覺的時候，有一名白人男性走進教堂，持槍射殺九名黑人。

接著我告訴她們，有一個跟哥哥年紀差不多大的黑人男孩，走路回家的時候被人一路追殺，最後死掉了。我告訴她們，殺人的人說以為男生身上有槍，但他身上其實只有一包彩虹糖。艾瑪說：「那個人為什麼會以為崔凡．馬丁（Trayvon Martin）的糖果是手槍？」我說：「我覺得他不是真的這樣想。我認為他只是在替殺人找一個藉口。」

我們坐著討論這些事情，討論了一會兒。她們又問了許多的問題。我盡力回答。然後我判斷，我們討論壞人夠久了，應該要講一講英雄的故事。

我走進工作室找到那本書，從書架上把它抽出來，然後走回沙發，重新坐到兩個女兒的身邊。我打開書本，跟女兒一起讀金恩博士、羅莎．帕克斯（Rosa Parks）、約翰．路易斯（John Lewis）、芬妮．露．哈默（Fannie Lou Hamer）、黛安．納許（Diane Nash）和黛西．貝茲（Daisy Bates）[3]的故事。我們翻看民權運動的遊行照片，討論大家為什麼要走上街頭。我告訴她們：「有人曾經說遊行是用腳祈禱。」

艾瑪在一群黑色和棕色皮膚抗議者之中，指出一名手拿標語遊行的白人女性。她瞪大眼睛說：「媽媽，你看！我們會不會像她這樣，跟他們一起遊行？」

我正準備告訴她：「當然，寶貝，我們一定會去的啊。」

但我還沒來得及開口，緹許就說：「艾瑪，不會，我們不可能跟他們一起遊行。你看，我們現在也沒有上街抗議。」

3 羅莎．帕克斯（1913-2005），美國黑人民權行動主義者，現代民權運動之母。約翰．路易斯（1940-2020），美國民權領袖，2017 年被《時代雜誌》（*Times*）選為年度「百大最具影響力人物」。芬妮．露．哈默（1917-1977），美國民權運動家、慈善家。黛安．納許（1938-），美國民權運動家，美國大學學生會領導人。黛西．貝茲（1914-1999），美國民權運動家、出版商、記者和講師。

兩個女兒抬頭看我，我盯著她們，想起多年前在診療室裡的爸爸。彷彿女兒正轉向我問：「媽媽，你覺不覺得我們或許無意間導致國家生病了？」

一個星期後，我在讀金恩博士的著名文章〈一封來自伯明罕監獄的信〉，正巧讀到下面這段：

得坦承，過去這幾年我對溫和派白人失望至極，甚至遺憾地認為——黑人想要邁向自由，最大的絆腳石並非白人公民議會或三K黨，而是堅持「秩序」更勝於公理的溫和派白人。他們寧願息事寧人，選擇消極的天下太平，而不要伸張正義的積極和平。他們總是說：「我贊同你追求的目標，但不贊成訴諸行動。」

這是我第一次看到，有人用話語，定義出我在世界上的樣態。我想像自己是個深信平等理念的好人，所以也是一個會站在公民權益這邊的白人。但艾瑪在照片中指出的白人女子，不是抱持信念待在家裡，而是挺身而出。我看著她的臉，她的表情一點也不和善。她看起來激進、憤怒、勇敢、害怕、疲憊、熱情、堅毅、有威嚴，甚至有點嚇人。

我想像，我應該是那種會跟金恩博士站在一起的白人，因為此時此刻的我，對金恩博士非常景仰。今天，有近九成的美國白人贊同金恩博士。但金恩博士還在世，要求美國改變的時候，只有大約三成的人贊成他的意見——比率和現在贊同民權運動家科林・卡佩尼克（Colin Kaepernick）[4]的人數一樣。

所以，要是我想知道自己若處在當時，會如何看待金恩博士，就不該問自己此時此刻如何看待他。應該要問：此時此刻的我，對卡佩尼克抱持什麼看法？

如果我想知道自己若處在當時，會如何看待「自由乘車者運動」（Freedom Riders）[5]，就不該問自己此時此刻怎麼想。應該要問：此時此刻的我，對社會運動「黑人的命也是命」（Black Lives Matter）[6]抱持什麼看法？

如果我想知道，自己會不會在上一個民權運動世代挺身而出，我得問自己：我為今天這個世代的民權運動挺身而出了嗎？

4 科林・卡佩尼克（1987-），美國民權運動家，曾擔任美式足球四分衛。

5 1961 年美國反種族歧視的非暴力抗議運動。民權運動家們（包含黑人與白人）搭乘跨州巴士前往種族歧視嚴重的南方，做為一種檢驗和抗爭的方式，爭取黑人可以自由地上下車和入座的權利。

6 一個抗議針對黑人的暴力和歧視的國際維權運動，始於 2013 年，通常發生在警察擊殺黑人事件後。

我決定閱讀每一本我所能拿到的、關於美國人民族裔的書籍。我讓社群媒體版面充滿有色族裔作家和行動主義者的貼文。沒多久我就清楚意識到，社群媒體上的消息，強力塑造出我的世界觀。如果這些消息裡充斥白人的意見和跟我一樣的白人臉孔，每一篇文章反映的都是和我類似的經驗，那麼我們就很容易相信事情大多運作得宜。但當我努力從閱讀黑人和棕皮膚族裔人士的觀點來展開每一天，我發現，每一件事情都離運作得宜相去甚遠。我這才發現警察暴力氾濫、有人從小注定入獄、移民拘留所的惡劣環境不是人待的、原住民的土地遭到掠奪。我開始拓寬視野，抛開我被灌輸相信卻經過粉飾太平的美國歷史。我發現，我不是那個我所想像的自己。我開始了解，我的國家不是別人教我認識的那個國家。

這一次學習新觀點和揚棄舊觀點的經驗，讓我想起戒癮的過程。當我開始真正傾聽和深入思考，在美國有色族裔和其他被邊緣化的人們有怎樣的經歷，我有一種感覺，就像剛戒酒的時候：真相翻攪著我習以為常的麻木，讓我愈來愈不舒服。我開始了解到，我一直以來採取的漠視和沉默態度傷害了別人，真是慚愧。好多舊觀念要丟掉，好多錯誤要修正，好多努力要做，使我感覺不堪負荷。意識到我有白人優越主義的最初幾天，我和剛戒除酒癮一樣顫抖、神經質和焦慮。就在這樣的狀態中，我慢慢交出了懵懂無知的特權。這是一種痛苦的蛻變。

最後我終於能大聲說出意見，將我讀到的文句散播出去，直言反對美國過往抱持的種族主義，以及執政者的偏狹和有心引起的分歧。每次我說出這些意見，就有人氣得跳腳。我覺得沒關係，因為看樣子，我激怒了該被激怒的人。

又過了好一陣子，有一個由有色族裔女性帶領的行動團體邀請我加入。一位黑人領袖指派我和另外一名白人女性，規劃一場邀請其他白人女性一起參與的網路研討會，目的在號召白人女性響應種族正義。我們的任務有兩項目的：開始教育其他白人女性並募集捐款，為每天親上火線的黑人行動主義者，籌措保釋金和緩刑費用。

那位白人女性和我接下這份工作。我們在電話中規劃網路研討會事宜，決定由她專心調查白人女性涉及種族不公義的歷史，而我則負責用心傳達，身為白人女性的我，對於自己在白人優越主義中所扮演的角色，有哪些覺悟的個人經驗。我認為，如果我向白人女性說明，在拔除種族歧視的早期階段感覺困惑、羞愧和恐懼，其實是蛻變的可預期反應，那麼她們就更有可能繼續努力對抗種族歧視。這樣一來，她們也能在準備更充足的狀態下，面對自己的種族歧視念頭，而不是誤信應該直接將感受公諸於世。我覺得這點很重要，因為黑人領袖告訴我，當白人女性立意良善，卻表現無知又情緒化，那是阻礙她們邁向正義的巨大絆腳石。

我懂他們的意思。我見過很多這種情況。假如白人女性不知道，拔除種族歧視的早期階段會經歷的是可預期的感受，我們就會以為只有自己出現這些反應。於是我們過早涉入討論種族議題的對話，憑藉自己的感受、困惑和意見帶頭向前走。這麼做是自我中心，終究會被退回到原本的地方，離真正的中心愈來愈遠，使我們更焦躁。我們習慣別人對我們的伸手表示感謝，當別人不欣賞我們的做法，會感覺很受傷。此時我們會更深陷其中，說出下面這樣的話：「至少我在嘗試了，連個感謝都沒有，只換來被攻擊的份。」別人會感到惱怒，因為你說「我被攻擊」不是符合事實的陳述。他們只是頭一次告訴我們實情罷了。實情聽起來像攻擊，是因為我們一直被矯飾的謊言保護得很好。我們啞口無言，感覺自己老是說錯話、惹別人生氣。但我認為，別人會生氣不光是因為我們說錯話。我想，人們之所以會生氣，還有我們築起了防衛心、覺得受傷和受挫，是因為我們落入陷阱，相信去除種族歧視是要說出正確的話語，反而忘記重點在做對的事情；我們相信挺身而出是一種表演，忘記挺身而出是要去改變。我們站出來的方式，透露出我們還沒做足功課、傾聽足夠的意見，就急著在做對的事情之前，搶著想說對的話。

我們是盛滿液體卻一直被撞的馬克杯。裝著咖啡，就會灑出咖啡；裝著茶，就會灑出茶。被撞無可避免。如果我們想要改變灑出來的液體，就要努力改變盛裝的內容物。

在去除種族歧視觀念的早期階段，「我該如何與人討論種族議題」是錯誤的問題。我們經常用談論議題的方式來打入人群，卻鮮少與自己討論這些議題。在這些議題當中，不論是表演，還是真的改變，你的姿態表露無遺。一名正在蛻變的白人女性，會帶著敬意謙遜地站在人群面前，她安靜傾聽、態度從容、身段柔軟，不會滿面絕望羞慚，因為自我鞭笞只不過是另一種吸引關注的方式。她會產生感受，但她會在內心質問這些感受，不是把感受強加給別人。她深刻了解，當外頭有人正在失去生命，她的感受如何，其實無足輕重。

我計畫在網路研討會上分享這些觀點，希望能讓剛開始去除種族歧視觀念的女性有所準備，進一步擴大到，幫助我們的行動團體伸張社會正義。我們把計畫寄出去請團體領袖提供意見，並徵求許可。我們依照建議調整了內容，再將研討會訊息張貼上網。有數千人報名參加。接著我就上床睡覺了。

隔天早上一起床，我看見朋友傳來的簡訊：「格倫儂，我只是要問你還好嗎。我看見網路上情況不妙，請讓我知道你沒事。」

我打開IG，心裡一沉。大家寫了好幾百則留言（最後增加到上千則），一堆人留言說我種族歧視。

那個時候我並不知道，關於白人女性應該如何參與種族正義運動這件事，社會上存在著好幾派不同的觀點，這些觀點很有道理，卻又互相矛盾。有一派說：白人女性應該要利用自己的話語和平臺，號召其他白人女性參與反種族主義活動。另一派則說：白人女性只能講述有色族裔付出的努力。贊同第二派理念的人，對我辦這場網路研討很火大。

你為什麼要指導別人，而不是把有色族裔女性付出的努力說出來就好？有那麼多有色族裔女性終身參與這項運動，你為什麼要占一個名字？你提供免費課程，挪走了黑人教育家的經費。為白人女性提供討論種族議題的「安全場合」是不對的，白人女性不需要安全的場合，她們需要的是教育。我們要退讚抵制你。你是種族主義者。格倫儂，你是一名種族主義者。說穿了，你就是種族歧視。

留言裡滿滿的「種族主義者」和「種族歧視」。

我愣住了。

我不是第一次被人批評。我是在全國性基督教巡迴演講活動上，公開宣布要跟另一名女子訂婚的女人。我被所有的教派奚落和掃地出門。我很習慣被「對方」討厭。我把強力抨擊當作榮譽勳章。但我沒有被友軍的炮火攻打過，這讓我受盡折磨。我覺得自己愚蠢，又懊悔，也對決定做壁上觀的人感到非常嫉妒。我想到一句話：「閉嘴被別人當作笨蛋，好過張嘴證實你的蠢。」此時的我防衛心很強，感到受傷、受挫，也很害怕。我再也想不出，比被人說是種族歧視者，還要更可怕的事情了。我來到了谷底。

幸好，身為女性的我，一再學習到，儘管谷底感覺像世界末日，但那往往是新的開始。我知道，在這樣的時刻，我有可能在幾輪自憐和放棄的念頭中故態復萌，也有可能加倍努力排除種族主義的毒，堅持下去。我告訴自己：深呼吸，不要恐慌和逃避，沉下去，感受一切，靜下來，發揮想像力，燃燒吧。

我終於想起來了。

在我的成長過程中，全家人每天晚上都會坐在地下室的沙發上，一起收看晚間新聞。那時候是正在進行「反毒戰爭」的年代。我住在郊區，大城市裡的情況顯然很糟。新聞報導強調快克古柯鹼隨處可見，人稱「快克寶寶」的染毒嬰兒和專靠救濟福利過日子的「福利女王」多得不得了。我們每天晚上，從電視看到年輕黑人的屍體被丟在路上，集中起來塞進警車。晚間新聞過後，接著播放電視節目《警察》（*Cops*）[7]。我們跟全美各地上百萬戶家庭一樣，全家人坐在一起看《警察》。每天晚上幾乎都是白人警察逮捕貧窮的黑人。這是我們的娛樂。我們一邊吃爆米花一邊看。

三十年後，南卡羅萊納州的查爾斯頓爆發血腥屠殺事件。我父母居住的維吉尼亞鄉下小鎮掀起熱議。大家都在討論該如何應對這些翻攪美國人良心的種族議題。當地有間教會邀請社區民眾前來商討如何解決。我的父母去參加了。

他們跟大概一百名白人居民一起坐在一間大房間裡。一名女子起身發言，將會議帶上正軌。她說她和另外幾名女子，決定要把愛心物資送到小鎮另一端以黑人學生為主的學校。她提議大家分成幾組，選擇要收集哪些物資。在場的人都鬆了一口氣：太好了！往外行動！讓我們表演，不需要改變！我們內在還是安全的！

既困惑又感挫折的爸爸舉起手。那名女子請他發言。

爸爸站起來說：「我不是來這裡準備包裹，我是來這裡討論的。我在充滿種族主義的南方小鎮長大。別人告訴我很多關於黑人的事情。幾十年下來，我把這些事情記在心中和腦海裡。我開始理解到，這些事情不僅是謊言，還是致命的謊言。我不想把這種毒藥傳給孫子輩。我想排除這些東西，但我不知道怎麼做。我想我要表達的是我心裡有種族歧視的想法，我想丟掉這些舊觀念。」

我爸爸的職業生涯完全奉獻在支持外表跟我不一樣的孩子上。他每天都教導我們種族歧視很邪惡。但他現在明白了，一個好人也有可能不健全。我爸爸理解到在美國種族歧視大旗高張。他很謙虛，所以他了解，我們擁有良善和熱愛公理的心靈和頭腦，但我們住在美國，所以也吸進了種族歧視的毒氣。他勇於發揮想像力，理解他在我們這個不健全的美國家庭裡推了一把。他準備好燒掉他所珍視的「善良白人」身分，在那個房間裡，把自己的內在掏出來。

我是一名女權主義者，但我在充滿性別歧視的文化裡長大。我生長的世界試圖透過媒體、宗教組織、歷史書刊和美容產業，要我相信女性身體的價值不如男性身體，而且某些類型的女性身體（纖瘦、高䠷、年輕），比其他類型的女性身體更有價值。

7 美國電視真人實境節目。劇組跟著警察出勤，拍攝追補嫌犯的畫面，是美國警察實境秀的始祖。

女性的身影是一種商品，女性用消瘦身軀發起的猛烈攻擊，被推舉為女性成就的巔峰。社會普遍認為女人的存在是為了取悅男性，這種思想瀰漫在我呼吸的空氣裡。我生活在礦坑，這裡有厭女的毒氣，使我生病。原因不是我是個有性別歧視思想的壞人，而是我吸入厭女的空氣。

我罹患暴食症，花了一輩子努力康復。想要擺脫自我厭惡，比染上自我厭惡還難。在如此病態的文化裡，女性很難活得健康。世界一再主張，女人沒有權利愛自己，生存在這樣的世界之中，你最大的勝利就是找出愛自己和其他女性同伴的方法。所以我每天努力當個健康、完整的人。我倡導女性平權，因為我打從心底知道真相。我很清楚身體為何而存在。我的身體之所以存在，不是為了讓男人使用，它也不是推銷的工具。我的身體要用來愛人、用來學習、用來休息、用來爭取正義。我知道，地球上每一個人的身體，都具有同等且無可比擬的價值。

儘管如此……

我的身體裡還是有毒素。我的身體裡還是有文化幾十年來灌輸給我的偏見。我依然每天掙扎著努力愛我的身體。每一天，我的腦袋瓜裡，有一半想法跟我的身體有關。我還是會站上體重計測量自己的價值。在我的潛意識裡，我還是有可能會認為，比起體重較重的年長女性，纖瘦的年輕女性更有價值。我知道，我的直覺反應往往並不是我的天生反應，這是馴化。我可以修正被誤導的第一判斷，但我要刻意努力才辦得到。我們變成了自己呼吸的空氣。

我在三十五歲時，注意到額頭上的皺紋變深。於是我開車到診所，付幾百美元，忍著疼痛把肉毒桿菌打進前額，好讓臉頰跟電視上年輕平滑的臉龐一樣有價值。那時我對身體已有充分了解，但我的潛意識還沒準備好。潛意識沒有跟上心智和心靈的發展，因為當時（現在也是）毒物還存在於我的潛意識。我必須有意識地做出停止毒害自己的決定，停止付錢讓厭女思想注射到我的皮膚底下。我始終是激進的女權主義者。但性別歧視和厭女思想依然在血管裡流竄。有時候你是某一種人，潛意識卻是另外一種人。

我一直告訴女性：我們的文化把厭女思想注入空氣，對我們影響極深。它扭曲我們對自己的看法，讓女性互相競爭。那是一套編好的毒藥，使我們生病和變得惡毒。我們都必須努力去除身上的毒素，才不會一再傷害自己和其他女性。聽見這些話的女人流下淚來，點著頭說：「對，沒錯，我也是。我的身體裡有厭女思想，我想清掉。」沒有人會恐懼於承認自己把厭女思想內化了，因為這和她們是不是好人無關。沒有人認為，當一個女人被厭女思想影響，就代表她是壞人。當女人說出她想要努力去除厭女的毒素，她不會被貼上厭女的標籤。我們可以理解，擁有厭女思想的人，跟受厭女思想影響但想積極去除毒素的人，兩者有別。她們身上都有厭女的毒素，她們都因體制而僵化，但前者利用厭女思想的力量去傷害別人，而後者則是努力擺脫厭女思想的力量，停止傷害別人。

可是，當我談到種族歧視，同樣的一群女性會說：「但我不是種族主義者，我沒有偏見，我的教養沒有那麼差。」

除非我們開始用看待厭女思想的方式去看待種族歧視，否則我們就不可能將種族歧視從體內清除。我們不能將種族歧視看成個人的道德淪喪，而是要知道那是我們所吸進的空氣。我究竟吸收了多少黑人屍體被丟到路上的畫面？究竟看了多少監獄裡滿是黑人身軀的照片？究竟吞下多少種族歧視的笑話？我們眼前擺放各式各樣的故事和圖像，試圖說服我們黑人男性很危險、黑人女性無足輕重、黑人的身體價值不如白人。這些訊息充斥在我們吸入的空氣。我們必須認清，承認中了種族歧視思想的毒並非道德淪喪——否認身體裡有這種毒素才是萬萬不該。

真相要大白，變革才會展開。擺脫酒癮、父權思想、白人優越主義，有一點像吞下電影《駭客任務》裡的紅色藥丸，慢慢看著我們居住的那個擅長精心布局的隱形母體現形。對我來說，去除酒精的毒素，過程包含意識到消費文化母體對我洗腦，讓我相信我的痛苦可以藉由消費來麻痺。擺脫飲食失調，意味著看見父權思想的網正在訓練我，讓我相信自己不能有飢餓的感覺，也不能在地球上占據空間。而擺脫種族歧視思想，則是必須張開眼睛去看，明白白人優越主義精心編織的網，正在說服我相信自己比有色族裔優秀。

在美國，人不是只分兩種：種族主義者或非種族主義者。我們有三種人：中了種族主義的毒並主動選擇散播的人、中了種族主義的毒並主動努力戒毒的人、中了種族主義的毒卻否認體內有毒的人。

我得出結論了。別人說我是種族主義者是對的。

但他們也說錯了。

我是第二種人。我是白人女性，我知道，別人在我出面討論種族歧視時說我是種族主義者，原因在於，我的確是以自己的樣子站出來，而我體內有種族歧視的思想。大家可以從我說過的話和我沒說的話，以及我的說話方式，從外面看見存在於我體內的種族歧視思想。他們看見和指出的事情是真的。

每當白人女性站出來說真話（這是她身為人類大家庭一分子的責任），她體內的種族歧視思想就會被召喚出來。她必須接受別人會不贊同她站出來的方式，而且非常有權利不認同她。她要學會經受別人的怒意，了解這份怒氣很真實，也有其必要。她要了解自己放手燒掉的是擁有安穩心緒的特權。她要提醒自己，被批評是種族主義者其實不是最糟糕的事。最糟糕的，是當別人正在受苦受難、失去性命，你卻為了繼續過安穩、討喜、安逸的日子，而把種族歧視思想偷偷隱藏起來。世界上還有比被批評更糟糕的事，例如：當個懦夫。

把這些想法收錄到一年後才會出版的書籍，令我不安。我知道，等我再次閱讀這篇文章，我會發現，裡面還有我現在所看不見的種族歧視思想。但我心裡浮現詩人瑪雅・安傑洛（Maya Angelou）博士說過的話：「盡力去做，會讓你了解得更多。等你懂得更多了，你就能做得更好。」盡力去做和多了解，是我們現在可以積極進行的事。我們不能妄想，只要站出去，就能神奇地知道更多。我們要站出去，在被糾正以後繼續努力。努力傾聽，下一次就會懂得更多；主動求教，下一次就會懂得更多；放手燒掉覺得自己是出發點善良的好人的念頭，下一次就會成為更好的人。學習如何了解更多，必須長期投入，才有效果。唯有繼續蛻變，才會知道得更多。

所以，我會繼續投入，以謙虛的姿態站出來，盡我的能力去做。我會繼續犯錯，唯有如此，我才能更貼近正確。當我被人糾正，我會敞開心房，繼續學習。這麼做不是因為我想當有史以來腦袋最清楚的覺醒青年，而是因為有人的孩子正因為種族歧視而喪命，沒有什麼是只會發生在別家孩子身上的事。藏在我們體內的種族歧視思想，正在摧毀和終結人們的生命。由於隱藏的種族歧視，警察殺死黑人的頻率比殺死白人的頻率高兩倍；立法人員限縮乾淨飲水的經費，致使黑人兒童中毒；醫生為黑人女性接生後，導致黑人女性死亡的機率，比為白人女性接生導致死亡的機率高出二至三倍；學校把黑人學生停學或退學的機率，比把白人學生停學或退學的機率高兩倍；法官判黑人吸毒者入獄的機率，比判白人吸毒者入獄的機率高了近五倍。因為我在這個剝奪人性的體制裡參一腳，我也失去了人性。我們被注入這設定好的種族歧視毒藥，或許不是我們的錯，但把毒瘤從體內拔除，我們責無旁貸。

因此，不論事關我的家庭、社區，還是我的國家，當那一刻來臨，當焦點轉移到我的身上，有人對我問起：「你覺不覺得自己或許無意間導致大家生病了？」我會留在那裡，我想去感受、去想像、去傾聽、去努力。我會把自己的內在掏出來，出一份力，還大家更乾淨的空氣。

疑問

或許勇氣代表的不只是敢於做自己，你還要敢於讓別人做自己。

最近我在美國中西部辦了一場集會式活動。現場來了一千名女性聽眾和零零星星的男士，還有幾名牙牙學語的小寶寶。開放提問以後，我注意到會場後方有一隻手緩緩舉起。一名工作人員趕忙走到後方，鑽進教堂長椅，請那隻手的主人站起來。一位一頭白色短髮、皺紋深邃、表情溫和中帶著堅毅的女子緩緩起身。她穿著一件有美國國旗元素和用絨毛拼出的「阿嬤」字樣的運動衫。她拿起麥克風，手微微顫抖。我立刻喜歡上她。

她說：「嗨，格倫儂，我追蹤你十年了。我來這裡是想問一個除了你之外，我難以問別人的問題。我覺得……很困惑。我的姪子現在變成了姪女。我非常喜歡他……抱歉……是她。我的孫女去年邀請男生參加返校舞會，今年邀請的是一個女生。現在……你也變成同性戀了？我無意冒犯，只不過，我有疑問：為什麼突然間大家都變成同性戀了？」

所有人都靜止了，室內一片寂靜。屋內數不清的人頭本來都看向這位女士，現在大家紛紛緩緩地把頭轉回我這，眼睛睜得好大。我感覺到屋內聚積一股壓力，對她、對我、對在場所有人來說，都形成了壓力。（天啊，她是不是冒犯到別人了？那樣說是不是不對？格倫儂生氣了嗎？可是，為什麼突然間大家都變成同性戀了啊？）大家在擔心，我們是不是墜機失火了，但我知道，我們現在才終於起飛。幸好有人勇於製造尷尬場面，是他們把我們叫醒和往前推進。

我說：「謝謝你提出了大部分人都難以啟齒的問題。沒有說出口的疑問會演變成偏見。你的姪女和孫女有你是他們的幸運。能告訴我你的名字嗎？」

「我叫喬安。」

「好的，我的確知道大家為什麼突然間都變成同性戀。喬安，都是該死的基改食物害的。」

教堂裡，人們爆出一陣鬆口氣的大笑。有幾位女士甚至笑得眼淚都流出來了。彷彿大家接受了一場生機蓬勃、盛大的集體洗禮。笑聲逐漸收斂，我請大家和我一起深呼吸。一起大笑再一起呼吸的感覺真好。沒必要把事情都想得那麼恐怖。這就是人生，我們就是一群試著互相了解、試著了解自己的人。一起深呼吸後，我說了類似下面的話：

人的內在和人際之間存在神祕而具有野性的原始力量，我們永遠無法完全理解，例如：信念、愛和性慾之類的力量。當我們無法理解或控制這些神祕事物，會產生不舒服的感受。

所以我們把原始的信念——人與神之間一種神祕難解、無法定義、變化萬千的流動——包裝成宗教。

我們把原始的性慾——人與人之間一種神祕難解、無法定義、變化萬千的流動——包裝成性別身分認同。

就像把水裝在玻璃杯裡。

信念是水，宗教是玻璃杯。

性慾是水，性別認同是玻璃杯。

我們想要用這些玻璃杯，把關不住的力量裝起來。

我們對別人說：挑一個杯子吧！異性戀，或同性戀。

（對了，選同性戀的杯子很有可能不受法律保障、被大家排擠、被上帝掃地出門喔，拿出你的腦袋好好選。）

於是人們把寬廣多元、豐富多采的自我倒入狹窄專橫的玻璃杯，因為這是社會的期待。許多人生活在無聲的絕望裡，必須靠憋氣才能勉強擠進去，在裡面慢慢窒息。

終於，有一個人，出於某種勇敢、神奇的原因，在某個時間點、某個地方承認了自己體內有噴火龍。她決定相信自己的感受、接受自己的覺知，並且勇敢想像，世界上有一種看不見的秩序，或許她能從中獲得自由。她拒絕繼續被關著，決定把內在大聲說出來，讓一切燃燒。她舉起手說：「我不認同那些標籤，我不想把自己塞進任何一種玻璃杯。對我來說，事情不是非黑即白。雖然我不確定真相究竟為何，但我知道，不是那樣。」

有人聽見第一個勇敢發聲的人所說的話，感覺到一股激勵人心的希望從血管流過。他心裡想：等一等，如果我不是孤單一人呢？如果我根本沒有殘缺呢？如果玻璃杯制度並不健全呢？他感覺自己舉起手，發出聲音：「我也是！」然後又有一個人的手慢慢舉起，第二個、第三個……數不清的手舉起來，有些手在顫抖，有些手握成了拳頭。真相、希望和自由引發這一連串的反應。

我不認為同性戀會傳染。但我很確定自由會蔓延。

我們以自由為名，弄出更多玻璃杯。我們說：「好，我聽見你說的話了。那些玻璃杯不適合你，拿去吧，這裡有一只雙性戀的玻璃杯！你呢，就拿泛性戀的玻璃杯，好嗎？」我們給LGBTQ[8]的每一個英文字母，配一個貼標籤的玻璃杯，直到似乎終於把字母都用上了。這麼做是好一點，但並非百分之百正確，因為有些玻璃杯還是比較沒有權利、負擔較重。還是有一些人——例如我——找不到符合的玻璃杯。

我的直覺想法是，每個人的內在都是如此豐富、難以界定。我在想，與其弄出更多玻璃杯，我們是不是應該停止把人裝進玻璃杯裡。或許，總有一天，我們會一起揚棄玻璃杯制度。信念、性慾和性別都是流動的。沒有所謂的玻璃杯，只有一片汪洋大海。

但是，燒掉舊框架會讓人不自在、失去方向。轟隆作響的自由朝你奔來，很可怕，剛開始你會感覺一團混亂。我的天啊！究竟該用什麼代名詞來稱呼？誰該用什麼廁所？女生帶女生參加舞會？可是，「進步」就是不斷揚棄已經不夠真實的制度，去建立更貼近人們真實面貌的新制度。改變的其實不是人。只是現在終於有足夠的自由空間，讓人們不必再去改變自己是誰。進步是去承認當下和一直以來的真實樣態。進步始終在於回歸真我。

或許我們可以不要再汲汲營營於理解神祕美好的性。不要恐懼，只要帶著好奇心和愛，聆聽自己和他人的聲音就行了。只要讓別人做自己，並且相信，當每一個人都更自由了，大家都會過得更幸福，這樣就足夠。或許我們對性的理解也可以是流動的，正如本身即會流動的性。要記住，不論讓人們從自己的玻璃杯流出來，會令我們有多麼不自在，都是值得的。當你願意掉入困惑，保持一顆開放、善良的心，就能救人一命。

或許勇氣代表的不只是敢於做自己，你還要敢於讓別人做自己。或許我們可以不要再去尋找所謂的共通點，而是讓每個人做自己的大海。反正，其實不論你如何看待，他們本來就是一片大海。就讓他們成為自己吧。

8 LGBTQ 是非異性戀的社群統稱，由以下群體組成：Lesbian（女同志）、Gay（男同志）、Bisexual（雙性戀）、Transgender（跨性別者）、Queer or Question（代表酷兒或是對其性別認同感到疑惑的人）。

同意單

會不會，我根本不必向你徵詢同意，因為我生來自由？

有一個基本教義派的基督教組織，最近說我被「福音教會」開除會籍了。這個消息讓我覺得很有趣。我覺得自己就像喜劇《歡樂單身派對》（*Seinfeld*）裡的克萊默，被老闆要求辭掉一份根本就沒有的工作。為難的克萊默挑釁地說：「你不能叫我走路，我根本不是這裡的員工。」

我跟一個朋友講起這件事，她說：「太糟糕了吧。他們為什麼就是不能理解你天生如此呢？你也沒有辦法改變啊！用你根本沒辦法改變的事情來懲罰你實在是太殘忍了。」

嗯，我心想，也不完全是這樣。

有時候我們會說出自認為充滿關愛的話，但那其實顯示出社會對我們的制約。你沒有辦法改變的事情，講的是你想要改變，但無能為力。

但如果我可以改變性向，我非常確定，我會選擇不去改變它。親愛的耶穌：我愛和一名女子共度人生。我好愛我們都不斷渴望了解彼此，不了解對方不罷休。我好愛我們已經非常了解對方了，我們都是想要從同樣的牢籠掙脫的女子。我好愛我們一起經營的生活就像一場永無止盡的對話，除了睡覺，沒有停止對話的一刻。

我愛和我的太太做愛。我愛帶著暗示的撫觸，我愛彼此直視、確認心意的每一刻。我愛我們非常了解彼此的身體，我愛她如絲綢般滑順的肌膚。我好愛和她做愛時，我所感受到的溫柔、激情、耐心和大方付出，也好愛和她做愛之後，兩人靜靜地依偎在彼此懷中，以放鬆和感謝的心情，微笑看著上方的天花板——這是一段超越時間的時光。我好愛最後總有一個人忍不住笑出來說：這真的是我們的生活嗎？

我進入過異性婚姻，現在則是在同性婚姻裡。同性婚姻對我來說自然多了。文化訓練不同性別要用截然不同方式去愛和生活，我總是努力填補這個性別鴻溝，現在不必這麼累了。太太和我就在橋的同一邊。跟艾比結婚是在又累又冷的長途跋涉後終於回到家。她是劈啪作響的火堆，是絨毛地毯，是讓我鑽進去的長沙發，是裹著我的毯子，是我們播放的爵士樂，觸動著我，讓我即使裹著毯子，仍感動得顫抖。

我想表達的是：會不會我其實不是天生愛女生呢？我跟艾比結婚，原因會不會不只是我是同性戀，而是因為我也很有智慧呢？會不會是我選擇了自己的性取向和婚姻，而這是我在人生中做過最真實、聰明、美好、忠實、神聖的決定？會不會我認為同性之間的愛是非常穩當的選擇，一個非常聰明的點子呢？一個我會大力推薦給別人的點子？

會不會我堅決爭取自由，並不是因為我「天生如此」、「沒有辦法改變」，而是因為我每一年、每分每秒都可以決定要怎麼付出我的愛和運用我的身體——因為我是一名成熟女性，不需要找任何藉口，就能過我自己想要的生活、愛我想愛的人？

會不會，我根本不必向你徵詢同意，因為我生來自由？

讓步

父母難道就不能持續不間斷地，多問問孩子本來的面貌為何？

最近有一次，我跟艾比還有孩子們一起躺在沙發上，看我們最喜歡的家庭劇。隨著劇情發展，來到張力十足的一幕，明眼人都看得出來，那個家庭裡正值青春期的女兒，準備要告訴爸媽自己是酷兒了。她和爸媽一起站在廚房中島的旁邊。她說：「我得告訴你們一件事，我喜歡女生。」

接下來時光彷彿暫停了。電視裡的父母和我們家沙發上的五個人，全都屏住了呼吸。

媽媽牽起女兒的手說：「我們……」

我小小聲說：「別說出來、別說出來、別說出來。」

「……無論如何都會愛你的。」

可惡，她說出來了。

我知道，這齣節目是想演出進步開明的觀念，他們想要展現，這對父母接受女兒是同性戀，一如他們會接受女兒是異性戀。但我不禁心想，假如女孩告訴父母自己喜歡男生呢？媽媽會不會說「我們無論如何都會愛你的」？當然不會。因為當你說出「無論如何」，就暗示著：對方令你失望了。

如果兒子在考試中作弊，我會處罰他，然後要他知道，無論如何我都會愛他。如果女兒告訴我她剛才去搶銀行了，我會牽起她的手，對她說無論如何我都會愛她。「無論如何」的弦外之音是，即便孩子的行為不符預期，我還是會給他們堅定的愛，支持和接住他們。

至於孩子的身分認同，我不希望自己在這方面，變成要孩子滿足自身期待的父母。我不希望孩子汲汲營營，只為了符合我替他們預先設定好的一份武斷的目標。我想當樂在尋寶的父母。我要做的是鼓勵孩子用這一生去深入挖掘和探索自己的本來面貌，並與那些獲得他們信任的幸運兒分享發現。當孩子找到一塊內在寶石，將寶石拿出來給我看，我會張大眼睛、驚奇地吸一口氣並為她鼓掌。換句話說：如果女兒告訴我她是同性戀，我不會覺得即使她是同性戀我仍然愛她。我就只是單純愛著身為同性戀的她。

父母難道就不能少告訴孩子該成為怎樣的人，並持續不間斷地，多問問孩子本來的面貌為何？然後，當孩子告訴我們他們是怎樣的人，我們不是被迫讓步，而是主動替他們歡慶。

當父母不是：即使你沒有符合我的期待，我也會愛你。

當父母是：我唯一的期許就是要你做自己。我愈是深入了解你，就愈是認識到你的美好。

如果有人告訴你他們是怎樣的人，你要想想收到這份禮物多幸運，真是榮幸。

別用驅逐令、同意單或讓步的語氣去回應對方。

不要妄想當別人的上帝。

請驚奇地吸口氣，報以熱烈鼓掌。

打結

你用一輩子努力維持上帝賦予你的完整和自由，上帝會與我們同行。

寫給艾比

今天晚上，我和你在德州某處一位牧師的辦公室聊天。稍後我要對著一群引頸期盼的觀眾演講。你不喜歡這些有尖頂和回音的會堂，但你還是跟我一起來了。你坐在教堂長椅的前排，聽我談論上帝，還有我對祂的直覺。

你覺得我相信世界上有上帝是錯的。但我的信仰，就是你愛我和需要我的原因。你借用我的信仰，一如我們借用隔壁鄰居的 Wi-Fi。

牧師說了一些讓你放心的話。你低頭看自己的手。你說：「我覺得在教堂裡很不自在。我小時候就知道自己是同性戀。我不得不在教會、媽媽、上帝還有我自己之間做選擇。我選擇了自己。」

牧師說：「對極了。」然後她清了一下自己的喉嚨。我對她微微笑。但「對極了」並非完全正確。

我轉向你，碰了碰你的手。

我說：「寶貝，等等。沒錯，在你小時候，你為了保護自己，你的心離開了教會。你維持完整，不讓別人把你支解開來。你堅持天生的樣子，不扭曲自己，不硬成為別人要你成為的樣子。你忠於自己，不放棄自己。

你對教會關上心門是為了保護內在的神。你這麼做是為了保護自己的野性，你以為那樣讓你變成了壞人，但你的決定，其實讓你神聖無瑕。

艾比，我想要說的是，在你年紀還很小的時候，你不是選擇自己、放棄上帝和教會，你是選擇了自己和上帝、放棄教會。你選擇了自己，選擇了上帝。你離開教會的時候，把上帝一起帶走了。艾比，上帝在你的身體裡。

今天晚上，你、我和上帝，我們只是來拜訪教會。我們三個回來拜訪這個地方，訴說像你這樣勇敢的人的故事，讓大家知道，你們用一輩子努力維持上帝賦予你們的完整和自由，讓這裡的人們產生希望。等我們結束今晚要做的事，你和我會離開這裡，上帝會與我們同行。」

我預期，你會用各種我所知道的可能方式回望我。但此時此刻，我們身在牧師辦公室，你用全新的表情看著我。你睜大眼，紅紅的眼眶被淚水溼潤。你給我那個眼神的時候，牧師消失了，只剩下你、我和上帝。

你說了聲：「哇！」

就像那一次，你的「G」字項鍊打結了。

你站在床邊發牢騷。

威脅著要把它丟掉。

我向你要來這條項鍊，把項鍊拿在手中。

一個肉眼幾乎無法察覺的結，在這條細緻的白金項鍊上，完全拆不開。

你走出去。

我繼續努力了好一陣子，對自己的耐心感到佩服。

然後，我在對的位置用力一拉，就打開了。

你走回房間。
我把項鍊拿得高高的，滿心驕傲。
你說：「哇！」
你俯下身，我替你把項鍊戴回去。
我親了親你的臉頰。

願我們也能在孩子們的脖子周圍，戴上許多美麗的想法。

轉印貼紙

我們之中的每一個人，都既自由又有人接著——這就是我們的救贖。

我還是個年輕媽媽的那幾年，孩子在我身邊團團轉，讓我筋疲力盡，又很孤單。當時，我拿到一張當地教會發給大家的明信片，上面寫參加教會活動可以免費托嬰。於是接下來的星期天，我和前夫一起去參加活動，在那裡喝咖啡、吃早餐、聽音樂、使用托嬰服務，遇到了啟發人心的講者和許多熱心助人的溫暖家庭。這間教會挑出年輕家庭生活會遇到的大小挑戰，用一個小時的時間幫忙解決，對我們來說彷彿置身天堂。剛開始，的確如此。

後來，某一個星期天，傳教士開始談論同性戀和墮胎的「罪」，彷彿這就是這間教會賴以建立的支柱。我怒火中燒。主日服事結束後，我找傳教士約了個見面的時間。我問他：「你們是一間信耶穌的教會，耶穌基督常在話裡談到孤兒、寡婦、去軍事化、移民、病人、受排斥的人和窮人。那你們為什麼要選擇用反墮胎和反同性戀來當教會的基幹？」

在我們無數次鬼打牆般的爭論後，他看著我，嘆了口氣，微微笑說：「你是個頭腦很聰明的女人。你說得很有道理，但那是世俗的道理，上帝的方法跟我們不一樣。你不能用自己的方式去理解。你應該是個心地善良的人，但人的心容易改變，信仰是要拿出十足的相信。」

不要去想，不要去感覺，不要去知道事情。不要相信你自己的心和頭腦，你要相信我們，那就是信仰。

他要我相信，相信他就是相信上帝。可是他並非我和上帝之間的連結。我的心和頭腦才是我和上帝之間的連結。如果我關上這個連結，那我所相信的就是管理教會的人，而不是相信上帝。我所仰賴的就會是他們對事物的看法。

每次有團體領袖出來警告我不要思考、不要質疑某件事，這件事反而會成為我想得最深和懷疑最深的一件事。我不要被動地把自己和孩子的信仰交付給別人。我是一名母親，我對這件事有責任，對象不只是我自己的孩子，包括所有孩子。

當仇恨或分化在我們參與的宗教機構裡散播，我們有三種選擇：

1. 閉上嘴巴，默許。
2. 大聲挑戰當權者，拚命改變現況。
3. 帶家人離開。

可是，當講壇上牧師對我們灌輸毒藥，讓毒物滲進孩子們的皮膚，我們不能再默許下去了。

有好多家長來找我，他們說：「我的孩子不久前才告訴我她是同志。我們一起上同一間教會十年了。耳朵裡聽著教會領袖說他們對同志的看法，她一定以為，自己的媽媽也認同那種觀點吧？我要怎麼抹去她所聽見的話？我要怎麼讓她相信，我從來沒有真心認同那些言論？我要怎麼讓她知道她已經很完美了？」

我們小時候拿到關於上帝的記事條，從此深深烙印在我們的心上，堅固無比，無法抹滅。

每個人都應該要為了自己、自己在乎的人和全世界，檢視他所學到的信念，尤其是，當他所選擇的信念在譴責某些人的時候，更應該好好檢視一番。他必須問自己一些問題，例如：「如果我相信這樣的觀點，誰會從中得利？」

那名傳教士叫我停止思考以後，我開始想得更深入。我自己做了些研究。結果我發現，他試圖要遞給我的記事條——「一名好基督徒，要以反對同志和墮胎為他的信仰基礎」——約莫四十年前才出現。一九七〇年代，少數幾名有錢有勢（表面上）異性戀的白人男性擔心，他們會無法繼續在自己經營的基督教私人學校實施種族隔離政策、享受減稅優惠，他們開始認為，自己的財富和權勢受到了民權運動的威脅。為了奪回控制權，他們必須採用與過去不同的方法，找出足以引發強烈情緒、勾起人們激烈反應的議題，好讓福音派基督教徒追隨者團結，並充滿強烈的政治意識形態。

在最高法院對《羅訴韋德案》（*Roe v. Wade*）的判決出爐整整六年後，他們決定把焦點放在墮胎議題上。在那之前，福音派教會的普遍立場，是生命起始於寶寶出生後的第一次呼吸，而且大部分的福音派教會領袖都對最高法院的判決抱持中立態度，有些文獻甚至寫到有幾位領袖支持法院的判決。但是，後來情況轉變了。他們利用新捏造的憤慨氛圍和辭令，撰寫出一張新的記事條：「我們要發起聖戰……帶領國家回歸我們的道德立場，讓美國再次偉大。」他們出錢辦了一場有一萬五千名牧師參加的「宗教圓桌會議」（The Religious Roundtable），訓練牧師說服會眾把票投給反自主墮胎、反同性戀的候選人，透過這種方式將記事條傳給福音派牧師，再傳給美國各地的會眾。這張記事條寫：想要跟耶穌站在一起、想要維護家庭價值、想要當個有道德的人，你就要反對墮胎和同性戀者，並把選票投給反墮胎、反同性戀的候選人。

雷根在擔任加州州長時，曾經簽署全國最開明的墮胎法案。此時參選總統的他，卻開始用新記事條上的語言說話。福音派教徒成為他的堅強後盾，以前所未見的火力把票集中投給雷根。宗教右派於焉誕生。這場運動表面上是數百萬人共同「捍衛生命權」和「維護家庭價值」，但骨子裡卻是少數人的種族歧視和貪婪。

自此以後，白人福音派教徒成為美國選舉最有影響力的強大票倉，同時也是催動美國白人優越主義引擎的燃料；自此以後，福音派領袖一方面打著大旗，標榜自己奉獻一生終結戰事、照料孤兒寡婦、治療病者、歡迎移民、重視婦女幼童、賦予貧困者權力並捐助金錢，另一方面，還能毫髮無傷、極其虛偽地保住他們的財富、種族歧視思想、厭女思想、階級主義、國族主義、武器、戰爭和貪腐。也因為這樣，即便參選人是仇視女性、虐待女性的男人；即便參選人是家財萬貫、將移民拒於門外的男人；即便參選人是煽動種族主義和偏狹觀念的男人；即便參選人的所作所為統統違背耶穌的教誨；只要他表明自己反對墮胎和同性戀，就能爭取到福音派教徒忠心不二的支持。耶穌、十字架以及「捍衛生命權」的身分標籤，只不過是福音派領袖隨手一揮，貼在自身利益上的閃亮轉印貼紙。他們只是一再推銷那張記事條：「不要去想，不要去感覺，不要去知道事情。只要反對墮胎和同性戀，繼續把票投給我們就好。那就是貼近耶穌的生活方式。」惡魔只要讓你相信他是上帝，惡魔就贏了。

我身邊的福音派教徒朋友堅稱，他們天生反對墮胎和同性戀。他們由衷反對且深信不疑。可是我覺得事有蹊蹺。我們都相信自己的宗教信念寫在我們的心中和天上的星星裡，卻從不停下腳步想一想，我們在生活中依循的記事條，其實多半來自懷有強烈動機的人。

我不知道我還認不認為自己是一名基督徒。那是一個絕對相信的標籤，而我心中存有疑慮。身為基督徒，你應該要有說服他人改信基督教的強烈動機，但那是我最不想做的事情。你應該要只屬於一個地方，但我不確定自己還屬於哪裡。有一部分的我想要撕掉和放下標籤，試著和每一個人的靈魂面對面，之間沒有任何隔閡。

但我也發現自己無法全部放掉，因為要我從此不再相信耶穌的故事，等於要我放棄美好事物，對眼裡只有錢的劫持犯投降。就像放棄美，屈服於時尚產業，或是放棄性愛的神奇力量，屈服於網路色情片商。我想擁有美、擁有性、擁有信念。我不想要的是劫持犯包裝成商品的有毒物。我也不要和劫持犯站在同一邊。

所以我會這樣說：我依然深受耶穌的故事激勵，但我不認為那是揭示久遠過去的歷史，我將它視為照亮劃時代思想的詩，這些思想力量強大，足以在現下治癒人類、使人獲得自由。

從前從前，在地球上有一段人與人為敵的日子（每隔一段時間，地球上總有一段時光如此）。孩子們沒飯吃，卻有少數人累積無以計數的財富。人們強暴、搶劫、奴役彼此，為了金錢權勢向彼此發動戰爭。

僅少數幾個有智慧的人（這類人總是不多）看穿事情不公不義、不真實、不美好。他們看穿為了錢彼此殺戮的荒唐——因為人的內在比黃金更有價值；他們看穿奴役和階級的邪惡——因為沒有誰天生比誰更該擁有權力或自由；他們看穿暴力和貪婪也在摧毀有權勢的人，其極致程度不亞於受壓迫者——因為當你將別人踩在地上，你也葬送了自己的人性。

他們看出，人類唯一的救贖，希望就在更真實美好的事物。

他們問自己：

什麼樣的故事能幫助人看穿謊言，讓人知道「有些人的價值比某些人低」並不可信？

什麼樣的故事能帶人反璞歸真，回到被訓練懼怕彼此之前，那了解愛的狀態？

什麼樣的故事能啟發人心，教人去反抗那些掌控一切、扼殺他們的宗教階級制度，活得更精采？

他們的想法如下：

讓我們一起重新思考那些別人告訴我們關於上帝的故事。我們要敢於想像上帝並不像那些主掌世界的權威人士；想像上帝其實就像被統治者殺害的人；想像上帝是個脆弱的小嬰兒，他由一名貧窮的單親媽媽所生；隸屬於被宗教和政治菁英所厭棄的團體。那時，他是弟兄中「最小的一個」。他們指出他來。他說，上帝在他裡面。

要是這些有智慧的說書人生活在現代美國，他們可能會指著一名貧窮的黑人跨性別女性，或前來尋求政治庇護卻落得獨自待在拘留中心的幼童，說：「上帝在這個人裡面。」

這個人，身在人類編造出來的階級圓圈的最外圍；這個人，與人們景仰的中心人物距離最遠。

這個人和我們擁有一模一樣的血肉和精神。

我們傷害他，就是傷害自己的同類。

這個人，是我們的一分子。

這個人，是我們。

所以，一起保護他吧。一起為他獻上禮物，在他面前跪下。一起為他和他的家人，爭取我們希望自己和家人擁有的美好事物。一起愛著這個人，如同愛我們自己。

這個故事的重點絕對不是要講「這個人」比別人更有神性。重點在，當我們被訓練把某些人當成不好的人，我們能不能從他們身上看見好的一面？當我們被制約把某些人看得毫無價值，我們能不能從他們身上看見價值？當我們被灌輸某些人是異己，我們能不能從他們身上看見自己？如果我們都做得到，我們就不會傷害到那些人。當我們停止傷害他們，我們就不再傷害自己。當我們停止傷害自己，我們就開始痊癒了。

耶穌的故事告訴我們，正義是一張無邊無際的大網，可以把每個人容納進去。然後人們再也不分彼此，只有「我們」。我們在同一張網子裡，擺脫了恐懼和仇恨的牢籠，從今以後，彼此息息相關。我們之中的每個人，都既自由又有人接著——這劃時代的想法，就是我們的救贖。

上帝是女人？

把上帝歸為任何一種可能的性別，都是一件很荒謬的事。

格倫儂，你說你會用「她」來稱呼上帝——你為什麼相信上帝是女性？

我沒有這樣相信。我認為，把上帝歸為任何一種可能的性別，都是一件很荒謬的事。但既然很多人都無法想像用女性代詞來稱呼上帝，用男性代詞稱呼卻一點問題也沒有——而且地球上還有女性遭受輕視、虐待和控制——我覺得繼續這樣稱呼也很好。

衝突

沒有任何一間教會擁有上帝，也沒有任何一種宗教信仰擁有上帝。

最近，我離開的那間教會，有個認識很久的人，寫了一封電子郵件給我。信上寫著：「我能問你一個問題嗎？我知道你和艾比非常相愛，超棒的。但我還是相信同性戀不對。我想要無條件地愛你們，可是這麼做，我必須背棄自己的信仰。我該拿這種……與上帝的衝突怎麼辦？」

我很同情她。她的意思是說：「我想要自由自在地愛你，但我被自己的信仰給關住了。」

我這樣回信：

首先，謝謝你知道自己可以選擇。謝謝你沒有尖銳地說出：我很愛你，只不過……。我們都知道愛沒有但書。如果你想要改變我，那你就不是愛我；如果你說對我有好感，卻又相信我會下地獄，那你就不是愛我；如果你希望我過得很好，卻又投票反對讓我的家人受法律保障，那你就不是愛我。謝謝你能理解，如果你想愛我和愛自己一樣，那就表示，你希望我和我的家人擁有一切美好事物，正如你希望自己和家人擁有一切美好事物。不能做到上述這些，就不是愛。是的，我同意，你可以選擇。你得在愛我和維持信仰之間做選擇。謝謝你拿出理智，誠實以對。

再來就是，我也能理解這種衝突，我有親身經驗。我到現在還在面對這樣的衝突。有一陣子我覺得很恐怖，我以為和上帝發生衝突是因為我挑戰上帝。現在我知道了，那是因為上帝在我心中，我挑戰的是宗教。是真正的我覺醒了，我說：等一等，關於上帝、我自己和別人，我被教導要去相信一些事，但那跟我打從心底對愛的認知不同，我該怎麼辦？我該拒絕相信我打從心底知道的事，還是拒絕我被教導要去相信的事？

我只能告訴你，後來我自己的理解。

回歸自我剛開始令人困惑，不光是聽聽自己內在的聲音那麼簡單。因為我們以為內在的聲音會說真話，但有時候，那只是別人的聲音在告訴我們該相信什麼。內在聲音經常在告訴我們上帝是誰、上帝允許哪些事情，但它不是上帝，它是灌輸在我們身上的思想。那是父母師長和傳教士講話的回音——他們對我們聲稱自己代表上帝。其中有許多人的出發點是好意，有些人則是單純想要控制我們。不管哪一類人，他們都不是上帝指定的發言人。他們身體裡的上帝，不會比你身體裡的上帝，更像上帝。沒有任何一間教會擁有上帝，也沒有任何一種宗教信仰擁有上帝。沒有所謂的把關者。要做到這些並不容易，你不能把自己的信仰交給別人，只有你和上帝。

我們要用這一生去完成幾件難上加難、重要至極的課題，包括學會區分老師的意見和真正的智慧、區分政治宣傳和真相、區分恐懼和愛，因此也要學會區分自稱上帝代言人所說的話，以及上帝的聲音。

當你要在自己知道和別人教你相信的事情之間做選擇，請選擇你知道的。詩人惠特曼（Walt Whitman）說過：「重新檢視你在學校、教會和書上學到的一切，將有辱靈魂之事全部摒棄。」

拿出勇氣，摒棄有辱靈魂的事物，這是攸關生死的大事。如果那些聲稱替上帝或真相發言的人能說服你盲目相信、不去知道事情的真相，如果他們能說服你按照他們的規定過生活、不順從自己心底的聲音，如果他們能說服你信任中間人的意見、不相信自己身體裡平靜的小聲音，那麼他們就能控制你。如果他們能讓你質疑自己——不再感覺、否定覺知、停止想像——只仰賴他們，那麼他們就能讓你做出違背靈魂的舉動。一旦你落入那樣的處境，他們就能讓你順從、讓你把票投給他們、讓你替他們罵人，甚至殺人——這些事情，全都以上帝為名，但這位上帝不斷小小聲地告訴你：事情並非如此。

或許與上帝的衝突不單只是牽涉到上帝，或許它就是上帝，請仔細聆聽。

上游

我們要努力把我們的兄弟姊妹拉上岸，
還必須前往上游，找出把他們推進河裡的人，對抗那些人並要他們負起責任。

好的藝術作品並非來自想要炫耀，而是想要展現自我。好的藝術作品往往來自於，我們對自由呼吸、被看見、被愛的強烈渴望。在平凡的生活裡，我們都太習慣於，只是看見人們顯露於外的耀眼外表。藝術作品之所以能讓我們感覺不那麼孤單，是因為這些作品往往出自藝術家的內在焦渴，而我們每個人的內在中心，都有一股這樣的渴望。正因如此，好的藝術作品能使人感覺如釋重負。

經常有人告訴我，我的文字創作讓他們感覺鬆一口氣，之後，他們通常會有一股想要回應、把故事告訴我的強烈欲望。這些年來，我都會在演講活動結束後，留下來好幾個小時。一名又一名的女性聽眾，把手搭在我的手臂上說：「我只是想告訴你……」

後來，我租了一個郵政信箱，答應大家，只要把故事寫下來我都會讀。每個星期，信件如雪片般飛來。我的臥房和工作室堆著一箱又一箱的信件。我不禁幻想，等我讀完這些信，可能已經九十歲了。我每星期會抽出一點時間，放下手機、關掉電視新聞，窩在床上讀信。噢，如釋重負，沒錯。人就是這樣，我們都把事情搞得一團糟，卻又擁有神奇的力量。人生殘酷得不得了，卻又很美好，對所有人都是——殘酷地美。我現在發現了。如果你想讓自己厭倦和麻木不仁，就去看電視新聞。如果你想保有人性，就讀信。想要試著去理解人，你得從親口訴說的話語著手。

有天晚上，我和妹妹在成堆的信件裡埋首讀了好幾個小時，我們看著信件堆，心想：好多人的生活不虞匱乏，但有些人連基本的物資都沒有，大家都渴望找到人生的目的和連結感。讓我們來當他們之間的橋梁吧。我們決定成立共同成長基金會。於是，我成為了別人口中的慈善家。

共同成長基金會創辦於二〇一二年，包含我在內，五名女性組成委員會，與勇往直前的志工們夜以繼日，持續熱情地將我們手中所有的資源轉介給受苦的人，包括：金錢、服務、婦女會和希望。我們會跟服務對象互動交流，因而親身體認到，普遍來說大家都很努力過好自己的生活，卻還是有許多人的餐桌空空如也、無法讓生病的母親就醫、沒有暖氣可用、沒有適合養小孩的安全空間。我們每晚上床睡覺時都會想：為什麼？為什麼這些人那麼努力，處境卻還是那麼令人鼻酸？

然後有一天，我讀到這段話：

> 當事情來到某個關鍵點，我們必須停止把人從河裡拉出來。我們該做的是走到上游，找出他們掉進河裡的原因。
>
> ——圖圖大主教（Archbishop Desmond Tutu）[9]

當我開始從上游看問題，我發現，有人痛苦不堪，就有巨大的利益存在。現在，當我遇到在河裡漂流、痛苦掙扎的人，我知道要先問：「我現在能怎麼幫你？」然後等他安全、把身體擦乾了，我會問：「你受這些折磨，有沒有哪個機構或哪個人從中得到好處？」

9 戴斯蒙．圖圖（Desmond Tutu, 1931-2021），南非聖公會首位非裔大主教，1984 年諾貝爾和平獎得獎者，被譽為人權神學的先鋒。

每個用心觀察的慈善家到最後都會成為行動主義者。如果沒有，那他就有可能和權力產生互依關係——我們拯救在體制受害的人，體制則從中牟利，並拍拍我們的頭，獎勵我們的幫助。我們變成被不公義利用的小卒。

為了不要跟那些上游的人同流合汙，必須雙管齊下。我們要努力把我們的兄弟姊妹拉上岸，還必須前往上游，找出把他們推進河裡的人，對抗那些人並要他們負起責任。

我們要幫忙在槍枝暴力中失去小孩的父母安葬他們的孩子，並且前往上游，對抗從槍殺事件獲益的槍枝製造商和政客。

我們要介入父親入獄服刑的家庭，支持這些少了丈夫的媽媽們養家，並且前往上游，消弭監禁氾濫造成的不公。

我們要幫助對類鴉片藥物成癮的人，出資讓他們參加戒癮計畫，並且前往上游，譴責制度讓大藥廠和無良醫生從染毒的年輕人身上賺錢。

我們要為無家可歸的LGBTQ孩子提供庇護所和輔導，並且前往上游，與宗教的偏狹、家庭的拒絕、恐同政策劃清界線（LGBTQ孩子因此被迫離家的機率，比異性戀和順性別的孩子高出不只一倍）。

我們要幫助陷入困境的退伍軍人，爭取到他們需要和應得的創傷後壓力症候群治療，並且前往上游，對抗這個國家的軍事工業複合體，質疑他們為何積極地把我們的士兵推上戰場，又在孩子歸國後毫不遲疑地拋棄他們。

如果我們想要創造更真實美好的世界，必須雙管齊下。讓我們持續努力將人們拉上岸來，並且每一天都要從上游看問題，讓那些把他們推進河裡的人吃不完兜著走。

謊言

你必須離開婚姻，才能建立真正的家庭。

我跟一個朋友躺在沙發上，聊著這幾年來，我們放手燃燒和重建自己的生活。我們又哭又笑，也對過去的種種感到驚訝。當我說到「然後我離開了家庭」，朋友收起了嬉鬧的笑容。

她說：「別那樣說。別用不是真相的話來談論自己。你沒有離開家庭，一刻也沒有。我的老天，你甚至沒有離開你的老公。你離開了婚姻，僅此而已，你離開的是婚姻關係。而且，你必須離開婚姻，才能建立真正的家庭。請別再讓我聽見你說『我離開了家庭』。說自己的人生故事要謹慎。」

快遞

我無法想像比永遠不認識自己還要悲哀的事。那是終極的自我放棄。

我是個內向敏感的女人，所以，我雖然愛全人類，但真實生活中的人又讓我覺得難以應付。我愛大家，但我不會親身投入。舉例來說，我願意為你奉獻生命，但我不會……跟你見面喝咖啡。我是一名作家，我穿著睡衣，獨自待在家中，閱讀和撰寫人際交流和社群的重要性。這樣的生活，對我來說非常完美。只除了，當我埋首深思、寫下我想說的話、活在我最喜歡的地方（我自己的腦袋深處）時，經常發生一種令我震驚不已的狀況：某個像警報器的噪音，憑空劃破我家，讓我瞬間凍結。

我要花整整一分鐘才能理解發生什麼事：那個警報器是我家的門鈴。有一個人正在按我家的門鈴。我衝出工作室，看見孩子們也無法動彈，愣在原地，等人指示該如何回應即將有人闖進家中的狀況。我們大眼瞪小眼，數著現場有幾個人，然後一起經歷門鈴響起時的五個循環階段：

1. 否認：不可能發生這種事。可以進來這間屋子的人都已經在屋子裡了。可能是電視的聲音，電視開著嗎？
2. 憤怒：是誰幹的好事？哪個不知分寸的入侵者，膽敢在光天化日按下人家的門鈴？
3. 討價還價：別動，不要呼吸，他們可能會自己走掉。
4. 抑鬱：為什麼？怎麼會是我們遇到呢？怎麼不是別人？人生怎麼這麼難？
5. 接受：該死的！你！就是你這小傢伙。我們命令你自願去開門。穿條褲子，拿出正常樣子，應門去。

反應是很誇張，但我們還是會去應門。如果孩子們不在家，有時候我甚至會自己去看看門外是誰。這麼做是因為我沒忘記當個大人就要應門嗎？當然不是。我去應門是因為在我心裡藏著一個小小的希望，我覺得如果把門打開，外面可能會放著一個要送給我的包裹。一個包裹耶！

我戒癮之後，發現難受的感覺就像打擾我做事的門鈴，會使我陷入一陣恐慌，然後留下令人興奮的包裹。做出戒癮的決定，我要求自己不再麻木不仁，也不再用責怪的方式將難受感驅離，並且開始走去應門。所以當我不再酗酒了，我開始讓各種感受來打擾我。感覺很可怕，因為我一直以為，感覺既強烈又很有力量，一旦找上我就揮之不去，最後還會把我給殺掉。但是難受的感覺並沒有揮之不去，也沒有把我殺掉。它們來了又走，並且留下我不曾擁有的東西，叫作「自我認識」。

難受感按下門鈴，為我留下包裹，裡頭裝著全新的自我資訊。這項新資訊來得總是時候，我要帶著自信和創意步入人生下一階段，正好需要知道它。結果我最需要的東西，就在「痛苦」這個我花一輩子逃避的地方。下一階段所需要知道的一切，存在於現下的不安。

我練習讓難受的感覺進來，待在我的身體，該停留多久就停留多久，好讓我能認識自己。我承受難過的感覺所得到的獎勵，是發現自己的潛力和人生目的，並且知道誰才是站在我這一邊的人。對此我由衷感激。我無法想像比永遠不認識自己還要悲哀的事。那是終極的自我放棄。所以我不再害怕感覺了。現在，當難受的感覺按下門鈴，我會換上大女孩的褲子去應門。

憤怒

我發現前夫對婚姻不忠後，那幾年，我陷入了深深的憤怒感。他做了當你傷害別人之後，為了彌補而願意做的每一件事情：一再道歉、開始心理諮商和展現無比的耐心。我也做了所有該做的事：去諮商、禱告和努力原諒他。看著他跟孩子們相處，有時候，我的憤怒會消失，感覺鬆了一口氣，又對未來產生了希望。但是，每當我卸下心防，試著把身體或情緒交到他手中，一股無法遏止的憤怒感，就會淹沒全身。我會猛烈抨擊，然後關上心門，退回到我自己的身體裡。這種相處模式很累人，讓我們兩個都很沮喪。可是除了繼續受苦，等待上天終於願意獎賞我的堅持，降下甘霖讓我一夕之間學會寬恕，我不知道還能怎麼辦。我以為，總有一天，我會原諒他，只是時間的問題。

有一天晚上，我和克雷格在起居室，各自坐在兩張面對面的沙發上。他很開心地看著他的電視節目，我自己一個人沉默地對他生悶氣。不知怎麼，我突然能夠拉高視角，從上面看我們兩個。我在那裡，怒火中燒，而克雷格也在那裡，他卻不受打擾，完全沒有注意到我的痛苦。所有的怒氣都在我身上，他那裡完全沒有，所以我心想：這份憤怒怎麼會跟他有關？他根本感覺不到。突然之間，我對自己的憤怒產生了占有和保護欲。我心裡想：憤怒在我的身體裡。如果憤怒在我身上，那我可以假定，憤怒是為我而生的。我決定不要再因為憤怒而羞愧或害怕，我不要再因為我自己而羞愧或害怕。

從那一刻起，只要有憤怒的感覺浮現，我就會把握機會，練習保持一顆開放和好奇的心。我接受憤怒，順其自然。我的憤怒和我待在一起、互相傾聽。我會問我的憤怒一些問題，例如：「你想告訴我什麼？跟他無關、跟我有關的事？」我開始關注自己的身體模式，因為我的頭腦太過扭曲、太過渴望某些事情了，身體經常會在這個時候出面，替我釐清理智上無法接受的事。身體不會說謊，就算你去求它，它也不會騙你。我注意到，每次我敞開心房，讓身體或情緒受克雷格影響，我的身體就會被憤怒所淹沒。當我看他跟孩子相處，憤怒就會煙消雲散。在我開始仔細觀察之前，我以為自己很善變。但一段時間過去，我開始明白自己不是隨意發怒，我的怒意來源非常明確。我的憤怒不斷重複說：「格倫儂，對你來說，和克雷格之間，像家人那樣親密是安全的，但身體和情緒上的親暱就不同了。」

我知道，我的身體也知道。而過去我一直不去正視我所知道的事，所以憤怒感才會這麼重——我對自己很生氣。沒錯，克雷格是出軌了，但每一天，決定留在婚姻裡、展露脆弱和變得憤怒的那個人是我。我不去正視我所知道的，而且我還為了克雷格強迫我知道而懲罰他。他不可能去改變我所知道的事。「他怎麼能對我做出這種事？」或許已經不再是個問題。問題在，「我怎麼能一直這樣對待自己？」或許我不該從頭到尾一直質問：「他怎麼能拋棄我？」而是要問：「我為什麼要繼續放棄自己？」

最後，我決定了，我不要再繼續放棄自己——所以我要尊重我的怒意。我不需要向任何人證明離開婚姻的對錯，再也不需要對別人解釋憤怒是有道理的。我需要做的是原諒孩子的父親。我們一離婚，我就能原諒他了。

離婚調解結束後，克雷格和我並排站在電梯裡，看著樓層燈號隨著電梯向下依序亮起。我望向克雷格，幾年來，我第一次真正同理他的心情，真正對他有溫柔和溫暖的感覺。我可以重新看見他的好，他還是那個我會想跟他當朋友的人。我感覺到真正的寬恕。那是因為，幾年來，我第一次覺得安全。我又建立起自己的界限。我開始信任自己，因為我現在是拒絕為假面和平放棄自己的女人。

我的確有一些朋友在另一半外遇後，繼續留在婚姻裡，最後也找到了安全感並永遠原諒對方。背叛事件發生後，你不能汲汲營營、扭曲自己或承受痛苦，去放大武斷的對錯觀念。你一定要重視自我。我們必須漠視擺在那裡的「應該」，正視存在此時此刻的真相。

假如持續憤怒是此時此刻的真相，那我們所要面對和處理的就是這份怒意——這麼做是為了自己和對方好。一直讓無法原諒的人待在身邊、永無止盡地懲罰對方，不是一件善良的事。假如我們無法做到原諒對方，再讓事情過去，或許是因為，我們必須先拋開過去，才能找到寬恕的心。原諒不代表要讓對方接近你。我們可以把寬恕當作禮物送給對方，同時送給自己一份安全感和自由。當你們都不再害怕、不再受懲罰了，這就是好聚好散。從憤怒中解脫，不是天上掉下來的禮物，往往要自己努力，才辦得到。

憤怒在告訴我們界限被人入侵的重要訊息。當我們走去應門，接受憤怒傳遞的訊息，我們會更了解自己。當被入侵的界限收復了，我們會重視自己。當我們了解自己、重視自己，我們就能活得完整、平靜、有力量——知道我們是會拿出智慧和勇敢去照顧自己的女性，好事一樁。

不只如此。如果我們深入探索，告訴自己「好，我明白了，這是我的界限」，還會有更棒的事發生。但話說回來，什麼是界限呢？

我們對自己和世界抱持某種根深柢固的信念，界限就是這些信念的邊緣。我們就像電腦，信念是讓電腦運作的軟體。信念常在我們不知情下，由文化、群體、宗教信仰和家庭灌輸給我們。即便我們沒有選擇採用那些程式，程式還是會在潛意識裡運作，掌管我們的生活。它們控制了我們的決定、觀點、感覺和人際互動，所以決定了我們的命運。我們相信什麼，就會成為什麼。在這個世界上，最重要的一件事，就是要去了解，關於我們自己和我們身處的世界，我們究竟相信什麼——檢視自己感覺憤怒的對象，就是挖掘真實信念的最快方式。

我對前夫的怒意，讓我心中的警鈴響個不停。它想提醒我，我的重要界限被打破了。這條界限圈著一個根深柢固的信念：婚姻最重要的價值在於誠實和忠貞，少了那些，我就再也不安全了。

這條信念沒有對錯。信念與客觀的普世道德價值無關，只是一個人的特定道德觀念。拿這件事來說，我決定接受這一條與婚姻和忠誠有關的深層信念，因為它是使我感到安全、適合我的信念，而且我認為那是真相。我接受了憤怒遞給我的包裹，將其帶入第二段婚姻。

但有時候，憤怒也會把我不想留下的深層信念送到我門口。

艾比是個認真工作、盡情放鬆的人。她常常在週間白天，躺在我們家的沙發上看殭屍影集。當她這麼做的時候，我會像被施了緊箍咒，變得很緊繃。我會焦躁不安，然後開始生氣，覺得她竟然在我面前大喇喇地休息。我開始在沙發附近大動作整理，弄出很大的聲響。她聽見我粗暴地收拾物品，會問：「怎麼了嗎？」我會用一種明明「有什麼」的語氣說「沒什麼」。我們經常這樣一來一往：艾比在沙發上放鬆休息，我開始生氣，艾比也對我的怒火覺得生氣。

我們認真討論過這件事，一談再談。你真該看看，注重心靈、喜歡省思，又因為沒什麼癮頭，除了討論事情就沒別的好做的兩個女人，結了婚以後，那種反覆討論的過程，如果你沒看過，你就不算見識過什麼叫討論。我們都好喜歡對方，絕對不想傷害對方，我們是想了解彼此，才會想追根究柢。所以，我們一次又一次地討論這個情況，但最後總是得出一樣的結論：艾比是成熟的女性，可以為自己作主。格倫儂應該要停止對艾比的決定感到憤怒。

我每次都同意這樣的結論。至少，我的頭腦是同意的。可是，我要怎麼讓身體接受這張記事條呢？我該拿「應該」怎麼辦才好？「應該」從來沒幫過我，我面對的是「事實」。把價值判斷鋪排在感覺之上，並不會改變你的感覺。我要怎麼做才能不生氣？我要怎麼樣才不會……讓心中的警鈴響個不停？

有一天，我走進起居室，看見艾比從沙發上跳起來，開始把抱枕排好，企圖讓我看見她很忙碌、有在做事的樣子。我停下腳步，盯著她看。就在這時，兒時記憶在我的腦海浮現。小時候，我在家裡的沙發上躺著放鬆休息，如果聽見爸媽的車子停進車道的聲音，我就會慌張地從沙發上跳起來，企圖在他們打開大門前裝忙。跟那時我看見艾比在做的事一模一樣。

那一刻，我不再看著艾比想：關於艾比，憤怒要告訴我的是什麼？我開始問：關於我自己，憤怒要告訴我的是什麼？我的怒意送來一個包裹，裡面裝著我的深層信念——這個信念在我小的時候就存在了：放鬆休息等於懶散，懶散不受尊重。人要忙碌才有價值、才是好人。

當艾比在我面前休息（不是在我們家說好可以休息的時間），挑戰到我的深層信念。她啟動這條信念，把它挖掘出來，帶到我能看見的燈光下。但這條信念和我對誠實、忠誠的深層信念不同，我不喜歡它。我覺得那不是事情真正的樣子。因為，我看著正在放鬆休息的艾比，那股怒意甚至讓我嘗到了一絲絲的苦澀渴望。

這一定很棒。

在該死的大白天休息一定很棒。

覺得自己就該在地球上占據位置，不必時時刻刻忙著爭取，一定很棒。

可以休息又覺得自己有價值，一定很棒。

我也想要可以休息，又覺得自己有價值。

我不想改變艾比，我想改變自己對價值感的信念。

憤怒按下我們的門鈴，送來我們的深層信念。這是很好的資訊，但接下來要做的不只是吸收資訊，你還要轉變：憤怒送來的信念都附上一個退貨欄位。包裹上面有一張貼紙，寫著：「這是你的深層信念！你想留下、退貨，還是換貨呢？」

我對艾比的怒意，為我送來對價值感的深層信念。我好好檢視了一番。我覺得：不行，我不想把它留下來。這是我繼承的信念，不是我自己創造的。我已經長大，不需要它了。對於價值感，我有更真實、更美好的信念。我對價值的理解不僅止於這樣的信念。這樣太嚴厲了，它會傷害我和我的婚姻。我不想把這樣的信念傳遞給孩子。但我也不想退貨，我想換成另外一個修正過的信念：

努力工作很重要，玩樂和無所事事也很重要。我的價值不在我的生產力，我的存在就是價值。我值得好好休息放鬆。

當我對價值的深層信念改變了，我的生活也跟著改變。我開始睡晚一點才起床。我安排了閱讀、散步、做瑜伽的時間，而且有時候（在週間），我甚至會在白天看電視。真美好！但這是一個持續改變的過程：我看見艾比在放鬆休息，我的直覺反應還是煩躁。不過現在我會檢視自己。我會想：我現在為什麼煩躁？喔，對！是因為那個舊的信念。喔，等等！別去管它。我已經把它換掉了。當艾比問我：「怎麼了嗎？」這時我就可以真心說出：「親愛的，沒什麼。」（大部分的時候囉。）

憤怒把界限送到我們面前。界限把信念送到我們面前。我們的信念決定了我們如何體會世間萬物。所以，即使應門很可怕，我們也要拿出智慧，把門打開。

心碎

這十年來，我傾聽女人的心聲。這個經驗讓我深信，身為女性，我們最深的恐懼有兩種：

1. 一輩子都找不到自己的人生使命。
2. 到死之前，都無法找到真正的歸宿。

一直有女性問我：「我要怎麼找到人生使命？我要怎麼找到相同陣線的人？」我的最佳建議是：當心碎來按門鈴，回應它。

拒絕應門的人會這樣說：

我也想多了解一下那種不公平的事……我也想去探朋友的病……我也想參與其中……我也想讀那篇文章……我也想支持那家人……但我承受不住心碎的感覺。

就好像我們真的相信，必須把自己的心藏得好好的、用防撞泡泡紙包起來，緊緊關在某個地方。彷彿人生活這一遭最重要的一件事情是「不要有所變動」。但是，那並不是生命的意義。如果我們讓自己接受變動，我們就會發現，是什麼改變了我們。你要做的不是避免心碎，你要追求心碎。心碎是我們發掘人生最棒的一條線索。

心碎有一股神奇力量，每個人的門鈴會響起，背後都有具體原因。是什麼按下你的門鈴？是種族不公？是霸凌？是殘害動物？是飢荒？是戰爭？是環境議題？是罹癌兒童？是什麼影響如此之深，你一遇到就得轉移視線？正視那裡。世界上哪裡有你無法忍受的痛苦？待在那裡。令你心碎的事物就是你生來幫助他人痊癒的事物。每個改變世界的人都是從一顆破碎的心展開旅程。

我在愛荷華認識了一群曾經因為死產或早夭而失去孩子的女性。她們成立婦女會，一起在她們身處的愛荷華州，透過教育和其他支援大幅減低死產機率，連醫生都對她們的成果百思不得其解，既感激又不可置信。她們沒有逃避或從痛苦中抽身，而是朝著痛苦直奔而去。她們一起承擔痛苦，痛苦變成她們之間的連結和推進的燃料。現在，她們攜手拯救他人，讓其他女性不必再承受那將她們聚在一起的心碎感。

心碎替你送來使命。若你拿出勇氣收下它，出去尋找在這方面努力改變世界的人，你就會找到相同陣線的人。當人們以療癒世界為共同目標，而聚在一起，再也沒有比這更深的連結了。

絕望的話語：心碎實在難以承受，我太傷心、太渺小，世界太大，我沒辦法全部做到，所以我不要付出行動。

勇氣的話語：我不會因為無法全部做到，就不去做我能做的事。

我們都想擁有使命感和創造連結。

請告訴我是什麼使你心碎。讓它引導你找出使命和連結。

悲傷

十四年前某一天，我在妹妹的臥房裡坐著。那時候，妹妹還跟她的前夫住在一起。才幾個月大的緹許，躺在木地板上的安全座椅裡吸吮手指，嘴裡發出咿咿呀呀的聲音。我和妹妹兩人沉默不語。她和前夫的婚姻觸礁了，她不知該如何是好，日子很不好過。

我們坐在那裡的時候，她的手機叮咚響了一下。妹妹低頭查看，然後手機從她手上掉了下去，她從椅子滑坐到地板上。我從地上撿起手機，看見她的前夫寄電子郵件告訴她要結束婚姻關係。我把視線從手機上移開，低頭看妹妹。她整個人了無生氣，彷彿一切讓她活著和勉強支撐的事物消失殆盡，如同洩了氣的氣球。接著她開始嚎啕大哭。我從妹妹呼吸第一口氣就認識她了，我從沒聽過她發出這樣的聲音。她像野獸那樣哭號，讓我害怕。我用手碰碰她，但她沒有反應。我們三人待在同一個房間，卻再也不是處在同一個空間。痛苦把妹妹帶到只有她自己一個人的地方。緹許動也不動，睜著眼睛，淚眼汪汪。她被妹妹用力哭號的巨大聲響給嚇呆了。我記得，當時我心想，孩子在這麼小的時候，就接觸到了赤裸裸的痛苦，應該會深受影響吧。

之後一年，世界繼續運作，我和妹妹、緹許組成一支小軍隊，敦促彼此努力脫離悲傷的泥淖。有時候我會想，緹許來到世界的第一年，讓她成為一個有深度和柔軟的人。現在，面對別人的痛苦，她還是會停下動作，睜著眼睛，淚眼汪汪。

妹妹搬出那間她為了建立家庭而苦心打造的屋子，住進我們家地下室的小客房。我想要裝飾一下，讓她住得更舒適，但她說不要。她不想要把我家地下室當成她的家，也不想住在自己的悲傷裡。她想清楚表明，只是暫住於此。她只在牆上掛了一樣東西，是我送給她的藍色小十字架，上面刻著：「我知道我向你們所懷的意念，是要叫你們末後有指望。」

她每天晚上下班回來，跟我們吃個晚餐，勉強擠出笑容跟孩子玩一下，然後就會下樓，在她房間待一整晚。有天晚上，我在她下樓後，跟著她到樓下。我站在房門外，正準備要敲門，就聽見她輕輕啜泣的聲音。那一刻，我理解到，她在的地方我不能去。悲傷是孤單的地下室客房，沒有人，就連你自己的姊妹，都不能陪你。

所以我背靠房門，在地板坐下。我用我所擁有的一切，用我的身體、我的存在，去守著她，保護她的傷心，用我自己替她擋下任何可能打擾或傷害她的事物。我在那裡待了好幾個小時。有好長一段時間，我經常到她的門前，替她守夜。

一年後，妹妹離開那間房間。她走上樓，從我們家的大門離開了。沒多久，她辭掉企業律師的工作，移居到盧安達，協助告發兒童性侵犯，幫助寡婦取回被竊走的土地。我看著她帶著害怕和敬畏的心情離開，又看著她回來嫁給一個懂得珍惜她的人。她要與他攜手建立真實美好的家庭。

之後幾年，我有時候會走下樓，凝視進入地下室客房的那扇門，心想：那間狹小黑暗的房間感覺就像一個繭。她在那裡待著，讓自己完全蛻變。

我們會從悲傷破繭而出，成為新的自己。

去年，小莉深愛的另一半病得很重，來日無多。我在離她很遠的地方，所以我每一天都傳一封簡訊給她，說：「我就坐在你的門外。」

有一天我媽打電話來問：「小莉狀況如何？」

我想了想要怎麼回答才好。我發現自己回答不出來，因為她問錯問題了。我說：「媽媽，我覺得『小莉狀況如何？』不是好問題。應該要問：『小莉現在如何？當她從悲傷破繭而出，會變成怎樣的一個人？』」

悲傷會讓人支離破碎。

如果你讓自己碎掉，再一片一片拼湊回來，有一天你會醒來，發現自己完全拼湊回來了。你再次成為一個完整的人，你很強壯，但你突然之間有了新的形狀、新的大小。不論是僅僅一小時的嫉妒心理，或長達數十年的深遠哀傷，當實際感受痛苦的人改變了，這樣的改變會很徹底。當那樣的轉變發生，你會再也無法把自己套入從前的對話、關係、模式、思想或人生。你像一條試圖套回舊皮囊的蛇，或是一隻想要爬回繭裡的蝴蝶。你用自己努力換來的一對新眼睛環顧四周，一切那麼地新奇，你無法回頭了。

或許，想讓悲傷好受一些，唯一的辦法，就是完全臣服於它。抵抗想要維持在鈴響前某一部分自己的念頭。有時候，為了重新活過來，我們必須讓自己完全死去。我們必須蛻變成一個全新的自己。

當悲傷來按門鈴：臣服吧，別無他法。悲傷送來的包裹使你脫胎換骨。

侵略來襲

我的焦慮症、憂鬱症和成癮問題差一點讓我送命，但它們也是我的超能力。

剛戒癮，狀況開始好轉的時候，我以為，我的問題是吃太多東西、喝太多酒和服用太多藥物。後來我發現，過度飲食、喝酒和用藥其實不是問題，而是我用來解決問題的蹩腳辦法。

在我身上，真正的問題是憂鬱症和焦慮症。同時憂鬱和焦慮的人有一點像身兼兩角，既是小熊維尼裡的驢子屹耳（Eeyore，或稱依唷），又是跳跳虎；就像你一直在過有一點低落、又有一點過嗨的日子，總是難以順應生活的腳步，無法活在此時、此地。

憂鬱和焦慮不是一種感覺。感覺帶我回歸自己，憂鬱和焦慮則是偷走我身體的強盜，它們會把我從身體抽走，看似身在某個地方，其實是消失了。其他人還是看得見我，卻再也沒有人感覺得到我——包括我自己。對我來說，心理疾病的悲哀不在於傷心，在於我什麼都不是。心理疾病讓我錯過自己的人生。

憂鬱讓我逐漸忘卻和抹除一切，慢慢消失於空無。彷彿格倫儂已經用完了，這一次，什麼都不剩，只剩下恐慌，格倫儂永遠消失。憂鬱從我這裡拿走所有明亮活潑的色彩，用力敲打，把我變成灰色，只有灰的灰色。最後我低落得無法正常運作。但漸漸消失的我，通常還是能完成一些小事，例如：洗碗、送小孩上學、在似乎該笑的時候露出笑容，但都是因為不得不做。我在假裝，不是真的回應，我忘記做那些事的意義了。或許這就是為何許多憂鬱的人會成為藝術家的原因，他們希望自己可以回答得出「意義在哪」，重新掌握回答這個問題的力量。我們就快要陷入流沙，窒息而死，用紙筆在地上用力抓。

如果說憂鬱的感覺像往下墜，那麼焦慮就是顫抖著在天上盤旋。在我執筆寫下這篇文章的同時，我處於焦慮階段幾個星期了。每當我發現自己太執著，我知道，我又在往天空飄盪，進入焦慮的狀態。執著對象包括：下一場演講、孩子們、屋子、婚姻、身體、頭髮。焦慮是對每一件事產生害怕無法掌控的感覺，執著是我用來對抗的手段。寫作是下陷太深時用力抓地，執著則是我在天上盤旋太高時，試圖用力抓地的舉動。

我原本以為自己一直把焦慮感藏得很好。這樣的謬想在太太摸著我的手臂說「我好想你，你離開好久了」的時候被戳破。現實生活中的我們當然是形影不離。只是，當我焦慮起來，我過著警戒心很強的生活，不可能去融入當下、降落在自己的身體，真正待在一個地方。我對未知感到極度害怕，所以我無法活在當下。我必須事先準備好。

有一天朋友告訴我看醫生補蛀牙的過程。她說：「最討人厭的其實不是補牙造成的痛，而是你心裡會預期補牙很痛。我緊張得都出汗了，恐慌得不得了，等待著劇痛降臨。其實根本沒有那麼痛，但你每一次都覺得會痛得要死。」我說：「對，那就是我一直以來的感覺。」

如果你一直處在警戒狀態，當事情真的出了錯：算了，陷入完全的恐慌吧，兩秒之內，數值從十五到一百，完完全全洩了氣。

孩子回家晚了兩分鐘？

全世界的人都死了。

半分鐘了妹妹還沒回訊息？

一定是死了。

小狗在咳嗽？

牠快死了。

艾比的飛機慢分了？

就說吧，人生好到太不真實，我永遠無法過幸福美滿的日子，絕對是死神敲門了。

幸好我想出許多可以智取身體強盜的方法。有沒有我專精於此道的證據呢？證據就是，我是一名患有憂鬱症的勵志演說家，我被醫生診斷出焦慮症，而我的主要工作是說服大家相信一切都好。別忘了，如果我都能夠做到，每個人也都能做到任何想做的事情。

五大達人祕方，給情緒過嗨或太低落的你

1. 按時服藥

我在服用立普能（Lexapro，一種抗憂鬱藥物），我相信，除了一堆自我成長的屁話，服藥就是我不必再用一箱又一箱的酒和奧利奧餅乾來麻痺自己的原因。

我最愛的一首歌是這樣唱的：「耶穌愛我，我知道，所以祂給了我立普能。」

很久以前，我們一家人在玩遊戲，崔斯對我的前夫唸出以下問題：「如果你將被困

在一座島嶼上，你會把誰帶在身邊？」

克雷格說：「你們媽媽。」

崔斯說：「好，那只能帶一樣東西的話，你會帶什麼？」

克雷格說：「你們媽媽的藥。」

我不相信人死了以後會有人獲頒「最佳苦情獎」。就算真的有這座獎項我也不要。要是週遭有人批評你服用處方藥，不管是你的父母、手足、朋友，還是作家或心靈「大師」，都請你反問對方有沒有醫事執照。如果他們拿得出來，剛好又是替你診療的醫生，請考慮聽他們的話。如果拿不出來，請和顏悅色地叫對方滾蛋。這些雙腿健全的人，還以為義肢是枴杖。他們無法陪你一起進入黑暗。繼續做你的事吧，少受一點苦，你才能活久一點。

2. 繼續按時服藥

服藥一陣子之後，你可能會開始覺得情況改善。某天早上，你醒過來，看著你的藥丸，心想：*我在想什麼？我根本就是一個再正常不過的人啊！我不需要吃這些藥了！*

因為自己覺得變好就停藥，就像拿著一把堅固的傘站在狂風暴雨裡，你感覺自己在傘下，身體又暖又乾，你心裡想：哇，我身上這麼乾，應該是時候丟開這把蠢傘了。

請保持乾燥，活下去。

3. 記錄

以下是發生在我們身上的情形：我們在家裡，開始不斷往下沉、往下沉，或不斷往上飄、往上飄，飄走了。我們慢慢消失或失去控制，過得很糟糕，於是我們和醫生約診求助。我們等待著，再過幾天就要去看診。

日子一天天過去，情況感覺有點好轉。約診當天早上，沖個澡，坐進車裡，甚至不記得三天前自己是誰、有什麼感覺。所以我們看著醫生，心想：內心深處的我很難解釋清楚，我根本不記得她是誰，這一切都是真的嗎？最後我們只好說：「我不知道，我很傷心，或許大家都會傷心難過吧。我現在應該沒事了。」然後我們離開診間，沒有得到需要的幫助。

過幾天，我們待在家裡，又開始往下沉或往上飄，如此這般，循環不已。

當你開始沉入那一片灰暗，請拿出手機或筆記型電腦，讓低落的自己寫些話給以後振作起來的自己。寫下此時此刻的感受。不需要寫成一篇小說，只要簡短記錄就行了。

這是低落的我寫下的其中一張記事條：

一片灰色。

我無法感覺。

只有我一個人。

沒有人了解我。

我累得寫不動了。

把你的記事條放在一個安全的地方，然後打電話約診。等到約診那一天，記得要把低落的你所寫的記事條帶去。跟醫生一起坐下來以後，你不必去回想或解釋意思。只需要說：「你好，在你面前的，是好好沖過澡、看起來『很好』的我。這個堅強版本的我不需要幫助，這個版本的我才需要。」然後把紙條拿出來交給醫生。你可以這樣照顧低落的自己，當她的朋友和擁護者。

當你重新回歸自我，請再為自己寫一張紙條。

幾個月前，我因為身體乾了就把雨傘丟掉。結果，兩個星期以後，我不知道第幾次吼小孩，導致親近的人只能退到一旁，用恐懼的眼神看我。我虛應故事、做午餐、寫文章。我就是再也想不起來做這些事情的意義。我發現自己又消失了。但在此同時，我也很困惑。或許這才是我真正的樣子，我想不起來了。

所以，我去找出了我的珠寶盒，翻出堅強的我寫給自己的文句。

格倫儂：

你熱愛你的生活（大部分）。

緹許的髮絲散發香氣，令你融化。

每一次，夕陽之美，你總是驚嘆不已。

你每天開懷地笑二十次。

你比一般人見過更多奇蹟。

你覺得自己被愛，你是被愛著的，你努力爭取而過著美好的人生。

——格倫儂留

我打電話給醫生，重新開始服藥，讓我回歸自己。

請好好照顧你的自我。你要使盡吃奶的力氣留住自己，如果失去他，也要想盡一切辦法回到他身邊。

4. 了解自己的按鈕

我戒掉癮頭，誓言全力留住自己。我永遠不要再拋棄自己了。至少，不要拋棄自己太久。

幾年前，辦公用品公司史泰博（Staples）的廣告中，有一群人在辦公室裡為了某件事搞得焦頭爛額，突然間出現一顆紅色的「輕鬆」按鈕，有人按下去，整間辦公室的人都從壓力中釋放，來到毫無痛苦的地方。

「輕鬆」按鈕代表的是，出現在我們眼前，我們會想要伸手去按，幫我們暫時從痛苦和壓力中釋放的事物，但時效不長，因為那顆按鈕的實際作用是讓我們放棄自己。「輕鬆」按鈕帶我們來到虛假的天堂，假的天堂最後往往會演變成地獄。你會知道，你所按下的是一顆「輕鬆」按鈕，因為按下去以後，你會覺得，比起按下按鈕之前，更像迷失在一片森林裡。我花了四十年才終於下定決心，當我感覺很糟糕，我不要做會讓我變得更糟糕的事，我想要讓自己覺得比以前好。

我在工作室裡貼了一張手寫海報，標題是「輕鬆按鈕與重設按鈕」。

輕鬆按鈕代表放棄我自己的事情。

重設按鈕代表我更有機會留住自己的事情。

輕鬆按鈕：

酗酒

暴飲暴食

購物

用言語中傷別人

比較

瀏覽別人的惡意批評

瘋狂吃糖，吃到昏倒

重設按鈕：

喝杯水

散散步
泡個澡
練瑜伽
冥想
到海邊看海浪
跟狗狗玩
抱抱太太和小孩
把手機藏起來

我的重設按鈕只是一些小事情。想得太遠大的事情，是我們這些心情起伏很大的人的剋星。當一切感覺很糟，我又討厭起人生，覺得自己非常需要換工作、改變信仰、買新房子、把人生砍掉重練，這時候，我會看一看我列的清單，讓自己想起來，我真正需要的可能只是喝杯水。

5. 記住我們是最棒的人

我是藝術家，也是行動主義者，我的朋友幾乎都在努力對抗文化定義的心理疾病。這些朋友都是地球上最富生命力、熱情、善良、有魅力又聰明的人。他們的生活方式，跟我們被訓練去苦心追求的生活不同，有許多人會連續好幾天，把自己關在暗無天日的屋子內，為了希望和親愛的人生，緊緊抓著字句、政策和畫筆，足不出戶。這樣的生活並不容易，但通常能體驗到深層、真摯、有意義、美麗動人的人生。

我開始注意到，我甚至不太喜歡連一點點心理疾病都沒有的人。我無意中傷沒有一丁點焦慮或憂鬱的人，我只是覺得自己對他們不太感興趣。我現在相信，我們這些「瘋子」就是最棒的人。

所以，我們之中有許多人抗拒服藥。因為在我們內心很深、很深的地方，我們相信自己就是瘋了。

我們這些瘋子「生病了」，我們相信，魔法來自我們的疾病。我以前這樣相信，現在也一樣。別人說：「早日康復。」在我耳裡聽起來意思是：「變得跟其他人一樣。」我知道我應該要羞愧得垂下頭，說我這種生活方式不對、很危險，其他人的生活方式才是對的，比較好。我應該要被修理好，合群地加入大家。有時候，我覺得自己的生活方式太辛苦了，所以我也好想、好想做到跟大家一樣。有時候，我可以讓自己接受，我無法在我出生的世界上輕鬆、愉快地活著是因為化學反應，我需要別人幫我像其他人一樣融入社會。我得開口認輸，承認：世界，不是你的錯，是我。我會尋求協助。我得好起來，我需要你的科學介入。

但其他時候，當我打開電視新聞或仔細觀察人們怎麼對待彼此，我會抬起雙眉，心想：其實，有可能不是我的問題。世界，可能是你有問題吧。我無法適應世界，或許不是因為我瘋了，而是因為我很關心這個世界。拒絕世界或許不是失去理智，或許向世界屈服才是真正失去理智。或許，假裝周遭發生的事沒問題，並不是我想要戴上的榮譽勳章。或許，有一點瘋狂才是對的。或許，真相是：世界，你需要我寫的詩。

我的焦慮症、憂鬱症和成癮問題差一點讓我送命，但它們也是我的超能力。曾經讓我染上癮頭的那顆敏感的心，也是我能成為一名優秀藝術家的原因。讓我在自己的皮囊裡掙扎度日的焦慮，也讓我很難安心活在有好多人痛苦不已的世界——所以我成為一名堅毅不拔的行動主義者。前半生把我燃燒殆盡的火焰，正是我現在用來點亮世界的同一把火。

別忘了：我們需要別人的科學，但他們也需要我們的詩。我們不需要變得更討人喜歡、更正常、更順應別人的需求，只要做自己就好。我們需要出手拯救自己，因為這樣做，我們才能拯救世界。

舒適圈

裝笨、裝弱、裝傻傷害了你自己，也傷害了這個世界。

我以前時常處在心碎的狀態，彷彿這是我的工作和命運。彷彿痛苦是我欠這個世界的，唯有保持在傷心狀態，才能保住自己的安全。我用自我否定來換取價值感、讓人覺得我很好，以及獲得存在的權利。掙扎度日是我的舒適圈。我在四十歲的時候決定，我要用新方式過生活。

我選擇了艾比。我選擇了自己的快樂。用詩人瑪莉．奧利佛（Mary Oliver）許諾我們的話來說，我選擇相信：我不必當個好人，只要讓體內的柔軟動物愛其所愛。

這個決定，出自我愛自己、愛艾比，以及好奇心。我很好奇，快樂能不能像痛苦一樣教會我許多事。如果可以，我想知道是什麼。

我不確定，許久以後，快樂這條路會讓我學到什麼。選擇快樂對我來說是新的領域。但我已經學到：快樂很棒，我覺得自己更輕盈、更清晰、更強悍，也更有生命力。我還沒有被擊垮。令我驚訝的是：我過得愈快樂，孩子們似乎也就愈快樂。我正在丟掉我被灌輸當媽媽就是要犧牲的各種觀念。兒子在我們的結婚紀念冊上寫：「艾比，你出現以前，媽媽從來沒有在十一點過後，把我們家的電器音量調高。謝謝你。」我的新信念是，愛可以同時讓你感覺到有人扶持，又很自由，我希望孩子們也能擁有這個信念。

我也學習到，選擇快樂的時候，我比較容易去愛自己和我的生活，但世界想要愛我，卻變得比較困難了。

我最近在一場活動上演講，觀眾席裡有一位女士站起身，看著講臺上的我，對麥克風說：「格倫儂，我以前好愛你寫的文字。你談你的痛苦和人生的困難，我感受到很大的安慰。可是最近，你開始過新生活，感覺好像變了一個人。我得坦承：我覺得自己愈來愈難和你有共鳴。」

「是的，我能理解。」我這樣回她：「我現在過得更開心了。我不再經常懷疑自己，所以我有自信，也比以前更強悍，比較少痛苦掙扎。我注意到，世人似乎比較容易去愛痛苦掙扎的女人，卻很難去愛一個快樂有自信的女人。」

我自己也是。

有一次我去看緹許踢足球，敵隊有個小女生讓我覺得很礙眼。我從場邊其他人的肢體語言和翻白眼的動作看出，我的朋友們，也就是同樣來替兒女加油打氣的媽媽們，有好幾個人也看不慣她表現出來的樣子。我仔細觀察她，想要知道，這個小女生為什麼會惹怒我們。我發現，她走路時把頭抬得高高的，有點大搖大擺的模樣。她球踢得很棒，她自己也知道。她的腳下經常有球，而且踢得很賣力。一名了解自身實力與才華的女孩，正是像她這樣。她的臉上始終掛著笑容，彷彿踢球只是小菜一碟，彷彿她正在享受人生。一切都讓我覺得討厭死了。

她才十二歲。

我接受這些感受，然後發現：我對這個小女生產生的直覺反應，來自於我受到的訓練。我受到制約，不相信，也不喜歡強悍、有自信、快樂的女孩或女人。我們都被制約了。研究證實，男性愈有力量、愈成功、愈快樂，就有愈多人信任和喜歡他，但女性愈有力量、愈快樂，就愈沒有人會喜歡或信任她。我們宣稱：女人有權得到應有的位子！然後，當一名女性站在應得的位子上，我們的第一個反應卻是：她太……自以為是了。我們反而這樣說有自信的女人：「我不知道，我說不上來，她身上有某種特質。我就是不喜歡她，但說不出確切原因。」

我說得出確切原因：那是因為訓練透過我們的潛意識起作用。強悍、快樂、有自信的女孩和女人，打破了文化告訴我們女生要自我懷疑、含蓄、膽小、慚愧的潛規則。膽敢打破規則的女性使我們惱怒。她們明目張膽地反抗和拒絕遵從指示，讓我們想要把她們關回籠子。

女孩和女人意識到這件事。我們想要被人喜歡，想要受到信任，所以我們貶低自己的力量，避免威脅到任何人或激起旁人的鄙夷。我們不把成就掛在嘴邊。我們無法敞開心胸接受讚美。我們收斂、限縮、貶低自己的意見。我們不僅不會大搖大擺地走路，而且還不斷讓步。如果擋住別人，會自己退開。我們不說「我知道」，而是說「我覺得……」。我們不打從心底認為自己的想法正確，而是詢問別人自己的想法是否正確。我們什麼事都能道歉。原本話題聊的是聰明的女人，總演變成比較誰是爛攤子皇后。我們想要受尊重，但我們更想被愛、被接納。

有一次，我到歐普拉（Oprah Winfrey）家裡作客。我坐在她家餐桌邊，她問我，身為行動主義者、作家、母親，我這一生最自豪的一件事情是什麼。我慌了手腳，開始含糊地說著：「喔，我不覺得自己很自豪，我覺得很感激。那些不是我的功勞，我身邊有很多很棒的人，我只是非常幸運……」

她把手放到我的手上，說：「別那樣說。別自謙。瑪雅・安傑洛博士曾說：『謙遜是後天習得的刻意舉止，你不必對別人謙遜，你要謙和。謙和是由內而外的態度。』」

我每天都在想她告訴我的話。她的意思是：裝笨、裝弱、裝傻傷害了你自己，也傷害了我和這個世界。每次你假裝自己實力不夠，你就是從其他女性那裡偷取完整存在的權利。別把謙遜誤以為是謙和。謙遜是朝你咯咯笑的謊言，是做作，是面具，是玩假的。我們沒時間浪費在這種事情上。

英文的謙和「humility」衍生自拉丁文「humilitas」，意思是「土地的」。謙和是知道自己是誰，以自知為地基。意味著，你有責任成為你應該成為的人——依照你被創造的樣子，生長、向外延伸、開枝散葉，長得又高又壯。一棵枯萎凋零的樹木，沒有什麼好敬佩的。枯萎凋零的女人也是。

我從不假裝自己實力超強，按照這個邏輯，我也根本不該去裝弱。我也必須停止要求其他女性表現謙遜。我不想在其他女性的脆弱和痛苦裡尋找安慰，我想在其他女性的快樂和成就裡得到啟發。因為那樣我會更快樂，而且，如果我們不是去愛著、支持和贊同那些強悍的女性，而是繼續討厭和詆毀她們，那這世界上就不會有堅強的女人了。

當我看見快樂又有自信的女人大搖大擺地行走於世界，我要原諒自己的第一個反應，因為那不是我的錯，我只是被制約了。

第一個反應：她以為自己是誰啊？

第二個反應：她知道自己是貨真價實的獵豹，哈利他媽的路亞！

黏膠女孩

足球救了我的女兒。
我沒有阻止女兒踢球，這件事救了她。

我對我們這一代的父母放太多心思在小孩的體育活動上，非常不以為然。我很同情為了看小孩踢球或翻筋斗，必須用週末假期和薪水載小孩全國跑透透的家長。每當有朋友告訴我她的孩子用體育保送上大學，我會對她說：「真是太棒了！」但我心想：可是你不也花了那麼多錢，去買韻律服、護腿板和住飯店嗎？有好長一段時間，我認為孩子們的體育表現只要平平就好。我希望他們可以學習一些運動技巧，不在體育課上丟臉，但不要學得太好，毀了我的週末時光。

女兒們小時候有一陣子想學體操，於是我們每週有一天會開車載她們到體育館上課。她們繃起足尖，在場上翻來滾去，我就在場邊看我的書，時不時抬頭喊一下：「親愛的，好棒！」情節真是完美。只可惜，有一天下課後，教練走到我這邊說：「你的女兒大有可為，是時候讓她們每週上三天課了。」我看著她，微笑道謝，心想：是時候換個運動了！下一個星期，我們加入地區足球聯盟。女兒們踢球踢得很開心，而且完全沒有壓力，也沒有真的在學什麼，我很確定，我們可以維持在表現平平。

我跟前夫離婚後，緹許變得人在心不在。我看見她慢慢撤退到食物給的安慰感，自己一個人待在房裡的時間愈來愈多。我知道她需要多活動身體，但根據我自己的經驗，我也很清楚，要一個孩子多活動只會事與願違。緹許當時十歲。我被暴食症纏上的時候也是十歲。我的寶貝女兒看起來搖搖欲墜——只差一步，就要掉下去了。我好害怕。

某天晚上，我和艾比一起坐在沙發上。我說：「我覺得應該要讓她回去接受心理治療。」

艾比說：「我不贊成。我覺得她需要從頭腦裡走出來，不是更深入。我想很久了，我想讓緹許參加選拔賽，加入一支對外比賽的菁英足球隊。」

我　：對不起喔，你剛才說什麼？你見到緹許了嗎？就算屋子著火了，那孩子也不會跑出去。而且那些外出比賽的小女生，從小就在踢球。不了，謝謝。我們是要幫助她，不是羞辱她。

艾比：我有預感，她是天生的領袖。我們聊到足球時，她眼裡散發光芒。我認為她應該想參加。

我：想都別想。她現在太脆弱了。要是她沒有成功，因此受傷呢？

艾比：要是她成功了，因此振作呢？

艾比背著我，偷偷打電話給克雷格。克雷格一直有在踢足球，所以他們很快就成了同一國，二票對一票。他們的計畫，是不顧我的反對和媽媽的優異判斷力，仍然要詢問緹許，想不想參加去菁英足球隊的選拔賽。有一天放學後，我們三個人跟緹許坐下討論這件事。

她愣住了，用警戒的眼神看我們。父母離異後，孩子會有好一陣子處於「戰鬥或逃跑」的狀態。她問：「怎麼了？又有壞消息嗎？」

克雷格說：「不是，沒有壞消息了。我們想知道，你有沒有興趣參加要到外地比賽的足球隊。」

緹許咯咯傻笑，但我們沒有跟著笑，她這才收起笑意。她看了看克雷格，又看向我，最後把眼神定在艾比身上。

緹許：等等，你們是認真的？

艾比：對。

緹許：你們覺得我真的辦得到？

我開口說：「這個嘛，親愛的，事實上那些女生踢球比你久很多，別忘了，參加選拔就很勇敢了，我們的重點不是結果，只要我們投入……」

但在我繼續往下講之前，艾比直勾勾地看著緹許說：「對，我相信你辦得到。你很有潛力，也有踢球的熱情。總有人會成功的，誰說那個人不會是你？」

我心想，喔，老天。她太魯莽了，媽的，她不知道自己在做什麼。

緹許的眼神沒有離開過艾比。她說：「好，我試試看。」

克雷格說：「太棒了。」

艾比說：「好耶。」

我心想，大事不妙。

我們三個都對緹許露出微笑。

四週後就要選拔了。緹許、艾比、克雷格那幾個星期都在小學的校園裡練習射門，還有在我們家的客廳看美國女足隊以前的比賽。艾比和克雷格互傳簡訊和電子郵件討論訓練策略。緹許和艾比討論足球比賽討論個沒完，現在足球變成了我們家第二官方語言。她們還會每天一起出門跑步，但沒有一天不跑得唉唉叫。緹許哭著跑，整路都在抱怨。有一天下午，她們一起走進門廳，兩個人汗流浹背、氣喘吁吁。緹許沒有停下腳步，直接跑上樓，整路生氣跺腳，還一邊說：「我辦不到！我討厭踢球，我無法入選！」接著重重摔上了房門。

我愣住了，開始盤算，等這危險的實驗失敗，我們又再一次毀了緹許的人生，還可以給她吃什麼藥。

艾比把我的臉轉向她，看著我的眼睛說：「沒事的。」她指向樓上：「那個？那才是對的。別上樓去。她等一下就下來了。」

緹許沒多久就走下樓來，眼睛紅紅的，不發一語，朝艾比和我中間的沙發位子坐下。我們一起看了一會兒電視，廣告時段，艾比開口了，但她的眼神沒有離開電視。她說：「我還是選手的時候，每一天都很討厭要出去跑步，每次都跑到哭。但我繼續跑，因為我知道，如果我的身材不夠結實，我就無法成為優秀的選手。但我真的超級討厭跑步，每一分鐘都討厭。」

緹許點點頭，問她：「我們明天幾點去跑步？」

幾週後，我們開著車，載緹許去參加第一天的選拔活動。我的兩隻手緊緊握住一個裝滿紓壓茶的超大隨行杯。我們抵達足球場，其他女孩都穿著耀眼的外出比賽隊服，緹許身上只有夏季足球營的T恤和體育課短褲。而且緹許比其他女孩至少矮了三十公分。我把這件事告訴艾比，她說：「什麼？她才沒有。寶貝，你總是把某種自慚形穢的心態投射到緹許身上。你仔細看，她跟其他人一樣高。」我瞇起眼睛說：「嗯，這個嘛，她的內在比較小一點。」艾比說：「哪有？格倫儂，她才沒有呢。」

緹許、艾比、克雷格和我圍成一圈加油打氣。緹許看著我，眼眶溼溼的。我屏住了呼吸。艾比睜大眼睛看我。我很想說：「寶貝，我們算了吧。交給媽咪，我們回到車上，一起去吃點冰淇淋吧。」但我說：「緹許，我相信你，這件事很困難，我們可以做到困難的事。」

她轉身離開我們，慢慢往足球場移動。我看著她從我身邊走開，朝著這件非常、非常困難的事情走了過去，我這輩子心臟從來沒有跳得這麼大力，彷彿要從喉嚨跳出來。

她看起來這麼小一個，天空、球場和她面前的難關如此巨大。但她一直走、一直走，遠離我們，走向球場邊其他女生坐著的長板凳。當她好不容易走到那兒，她和我們同時發現：天啊，天啊，板凳上沒有她的位子了。她尷尬地站在一旁，不知道該把手擺在哪裡才好。她變成團體的邊緣人，不是位居核心地位的天之驕女。她沒有歸屬，不是團體的一分子。

艾比抓住我的手說：「你還好嗎？」

我說：不好。這件事做錯了。

艾比說：沒有錯。

我把手抽回來，祈禱：上帝，拜託，如果祢存在，請讓她們對我的女兒好一點。請讓她們邀請我的女兒加入圈圈。請讓她每一次碰到球，都能把球踢進去，或是直接製造某種足球奇蹟，讓她可以順利加入球隊。要是這些都沒有實現，請來個地震吧。但是上帝，請讓一切快點結束，我的心臟承受不住了。

選拔活動開始。緹許好像施展不開。她常常掉球，跑得也沒有其他女生快。她數度看向艾比，艾比對她微微笑和點點頭。緹許繼續嘗試，她有幾次表現得很不錯，有一次成功傳球。艾比堅持，緹許很能洞悉場上的情形，判斷局面的能力似乎勝過其他女生。但時間對她不利，對我也是。比賽結束後，我們一起走向車子，鑽進車裡。回家的路上，緹許不發一語。我忍了一陣子，轉向後面，開口叫她：「寶貝？」

艾比把手放到我的手上，向我搖搖頭示意。我轉回來，一路上再也沒有開口。

隔天，再隔天，我們都去參加選拔，每晚開車回家，持續了一整個星期。週五晚上，我們收到教練寄來的電子郵件。上面寫：「她還有很多要學。但她身上散發光芒，她很努力踢球，有領袖氣質，我們需要這樣的球員，想邀請緹許加入我們的隊伍。」

我摀住嘴巴，重讀兩次，想要確定自己沒有讀錯意思。艾比默默在我身後做著一樣的動作。我轉過頭對她說：「真要命，你怎麼知道會成功？」

艾比眼中泛淚。她說：「我不知道。我這三個星期都沒有睡好。」

克雷格、艾比和我找緹許坐下，一起告訴她這件事。

我們說：「你辦到了，你入選了。」

從參加選拔活動到現在，已經過了幾年，現在我們是會用週末載孩子全國跑透透的家長，我們把錢花在加油、住飯店、參加比賽和買釘鞋。

緹許現在是個堅強、牢靠的孩子，原因不是她想當楷模，而是因為她想盡力當個好運動員和好隊友。她愈是堅強，隊友就愈能依靠她。緹許不把鍛鍊身體本身看作努力的目標，而是把強健身體當作成功的手段。身體是她運用發揮的工具，可以幫助她達成頭腦和心靈期盼的目標：跟朋友一起贏得比賽。

緹許現在是眾人的領袖。她學習到，有些人是很棒的運動員，有些人是很棒的隊友，人不見得能同時兼顧兩種身分。她仔細觀察隊友，判斷出每一位隊友的需求。她知道誰傷心難過、誰需要鼓勵。比賽結束後，不論輸贏，回家的途中，她都會坐在汽車後座發簡訊給隊友：「麗薇，沒關係，沒有人能擋下那一球。我們下一次會贏過她們的。我們愛你。」那個女生的家長寫電子郵件給我說：「請替我謝謝緹許。只有她安慰得了我的女兒。」

緹許現在是一名運動員了。假如她上國中以後，在學校遇到什麼誇張的事，她的心情也不會大受影響，因為她不需要在走廊上向同儕尋找身分認同。她不需要為了社交搞誇張的小動作，因為她面對的可是貨真價實的大事：在球場上興奮贏球，或悽慘落敗。

某天我聽見她對崔斯的朋友說：「我才不是什麼風雲人物，我是足球員。」

足球救了我的女兒。

我沒有阻止女兒踢球，這件事救了她。

最近，克雷格、艾比和我頂著冷冽的傾盆大雨，坐在場邊看緹許的球隊比賽。女孩們身上都溼透了，天氣冷得要命，從她們的表現，居然一點都看不出來。我一如以往緊盯著緹許。她的雙腿和臉頰輪廓分明。她綁著招牌馬尾，用亮粉紅色的打底用運動膠帶箍住前額髮絲。敵隊剛拿下一分，她喘著氣，趕快回到自己的位子。她一面奔跑，一面指揮防守隊員回場：「上吧，我們可以的！」比賽繼續進行。球傳到緹許腳邊。她腳底停球，把球傳給前鋒安奈絲。安奈絲射門得分。

女孩們跑向安奈絲，迎接著彼此，她們統統跑到球場中間，一群十來歲的小女生跳得高高地、互相擁抱，為彼此和隊上進球，也為自己留下的汗水慶祝。我們這些家長也在歡呼，但孩子們沒有聽見，那一刻，地球上只有她們自己。我們怎麼想她們並不重要，她們自己的感受才是最重要的。對她們來說，那不是一場表演，那是真實的輸贏。

比賽結束，艾比、克雷格和我走向我們停在一起的車子，鑽進車裡躲雨。小球員圍成一圈說了幾句話，緹許和朋友希德朝我們走來。她們一點也不急，因為她們根本不覺得冷。走近我們的時候兩個人擁抱一下，希德跟媽媽一起離開。緹許走過來，站在艾比的車窗旁邊道別，她今天要去住克雷格家。孩子們總是要在兩個家之間往返，我們還不太習慣。離婚實在讓人很難適應，但話說回來，所有家庭不都有難以度過的適應期嗎？緹許知道，她可以做到困難的事。

雨不停落在緹許身上，但她的臉在窗框裡，看起來就像球場上的泛光燈。她說：「梅兒教練今天替我取了個綽號，她說她要叫我『黏膠女孩』，因為球像黏住了一樣，緊緊跟著我。今天她要叫我上場的時候，大喊：『黏膠女孩，該你上場了。』」

克雷格的車窗開著。他也聽見緹許在說這個故事。他朝著我和艾比露出微笑，我們也對他微笑。緹許站在我們中間——閃閃發光，像膠水一樣黏住了我們。

好運

愈勇敢，我就愈幸運。

我和艾比剛開始戀愛的時候，兩人之間隔著幾千公里的距離，還要面對數不清的阻礙。事實擺在眼前，我們想要共創的未來，似乎遙不可及。所以我們告訴彼此，我們感覺到，有看不見卻真實美好的秩序，在我們的皮膚底下汩汩流過。我們總是把對方和那條流動的河水，納入我們對未來的想像。

某天晚上，艾比臨睡前寫下一段話，從美國另一岸傳給我：

「時間才剛早晨，我坐在我們的碼頭看日出。你還帶著睡意，手上拿著兩杯咖啡，穿著睡衣走向我，出現在我眼前。我們就地坐在碼頭上，我的背倚著木樁，你倚在我胸前，一起看魚兒躍出水面，看太陽升起。只要我們在一起，哪裡都好。」

處境愈是艱辛，我們就愈是經常回到艾比替我們設想的那個早晨。在那個碼頭上，有她，有我，還有兩杯熱騰騰的咖啡——這幅畫面成為我們的隱形秩序，為我們指引前方的路。我們懷抱著信念。

一年後，艾比為孩子們、克雷格、我和她自己六個人煮晚餐。我和艾比一起在墨西哥灣買了一間屋子。我們一群人就坐在屋子後方的門廊吃晚餐。紫色和橘色的彩霞布滿天空，溫暖的微風徐徐吹拂。我們一起享用晚餐、一起開心地笑，然後一起收拾餐桌，度過美妙的一晚。克雷格先走一步，去踢週日晚上的足球比賽。孩子們洗好碗盤，坐在沙發上看電視。我們養的鬥牛犬「小乖」依偎在艾瑪膝上。艾比走到外面的碼頭。我們將這座碼頭命名為：道爾梅爾頓瓦姆碼頭。

我從屋子裡看見，她背倚木椿坐在碼頭上遠眺河道，於是我倒了兩杯熱茶走出去加入她。她回過頭看我，我從她臉上的微笑知道她想起來了。我們一起坐在碼頭上，我的背倚著她的胸口，她的背倚著木樁，我們看魚兒躍出水面，看太陽落下，天空逐漸渲染成一片片更深邃的紫。

進屋前，我照了張照片，照片中我們臉上掛著微笑，背後襯著落日。後來我把照片貼到網路上。有人留言：「吼，你們擁有彼此和這樣的生活，真幸運。」

我回：「真的，我們幸運得不得了。另外，我們在美夢成真前就在腦海裡擘劃這樣的人生了，然後我們為了百萬分之一能在一起的機會放棄了一切。我們不是憑空得到現在這樣的生活，我們創造了這個世界。我可以告訴你一件事：愈勇敢，我就愈幸運。」

暈頭轉向

我決定了，我要愛上一個人，不是去愛一種感覺。

我以前很討厭浪漫愛情電影。電視播出時，我就像看著沒有受邀參加的派對照片，心裡一陣刺痛。我提醒自己，浪漫的愛情只不過是迪士尼胡謅的，但我總會在轉臺前，感受到自己心裡的渴慕之心。

就像相信無神論的艾比，看見身穿長袍的教堂合唱團，以低沉的嗓音和明亮的雙眼演唱，同樣有股渴慕的悸動。

我是有信仰的人，神的愛令我雙眼閃閃發亮。

艾比也是有信仰的人，浪漫的愛情總能令她雙眼閃閃發亮。

艾比最愛的電影是《羅密歐與茱麗葉》和《手札情緣》（*The Notebook*）。竟然是

《手札情緣》！我告訴她：「真不敢相信我們找到了彼此。」她說：「我相信，我一直知道你就在那。」

但我不知道。我直到四十歲才真正愛上一個人，因此以前不懂什麼是浪漫的愛情。我在人生的道路上，走著走著，就掉進了兔子洞，難怪大家說你陷入愛情裡——突然之間，你就再也不是踩在實心地面上。

我陷入愛情裡，感覺好像跟大學朋友一起吃迷幻蘑菇，藥效發作時，我們一起掉進了兔子洞。我會突然覺得，自己跟進入迷幻狀態的朋友完全連通，跟清醒的人斷得一乾二淨。我們這群人被一個愛的泡泡包圍，沒有任何人能接觸或了解我們。我覺得清醒的人真可憐，他們不知道我們知道的事，沒有我們這樣的感受，也不像我們會這樣去愛。我們稱呼他們為正常人。當他們靠近我們的時候，我們會小聲地對彼此說：「小心，他是正常人。」

有好一陣子，只要不是我和艾比，對於別人，我都一律那樣看待。我會看著路上經過的行人心想：他們根本不懂，我們那麼特別，他們真是……正常。最初我唯一講得上話的正常人就只有我妹妹。那個時候，她會把頭歪向一邊，對我說「老姊，小心，你現在不清楚自己在做什麼」之類的話，講話方式好像我還是當年那個酒鬼。

我心想：喔，天啊，她以為是過渡時期，她不知道我已經找到真愛，從此以後是個特別的人，再也不一樣了。我就是少了真愛，所以人生才會這麼困難——我就是少了這一樣東西。我現在比以前好，這就是我現在的樣子。我和艾比，就是我。

某天晚上，艾比和我坐在沙發上擁吻，聊著要一起私奔。

艾比說：「我們得拿出頭腦來，我們的腦袋現在就像聖誕樹上熱呼呼的燈泡。」

我從她的懷抱抽出身來。我被弄糊塗了，感覺好像一起吃迷幻蘑菇的朋友，在我們進入迷幻狀態後，對著我問能不能幫她繳稅。孤單的感覺湧上心頭，彷彿艾比自己變回正常人，拋棄了我。她就像在說，我們的愛並不特別，只是化學反應，令我心煩。彷彿這份愛並不神奇，只是一種科學。我還以為，我們的愛不是用來讓腦袋熱呼呼、逃離數十年人生的毒；我還以為，我們在療癒彼此，不是對彼此下毒；我還以為，我們是茱麗葉與茱麗葉，不是可悲的席德與南西[10]。

艾比說：「我在擔心，不知道你的熱戀期什麼時候結束。」

10 出自電影《席德與南西》（*Sid and Nancy*）。電影描述性手槍樂團（Sex Pistols）的貝斯手席德．維瑟斯（Sid Vicious）和女友南西．史邦臣（Nancy Spungen）沉迷於毒品導致南西身亡，最後席德也因服食海洛因過量而亡。兩人堪稱龐克搖滾界的羅密歐與茱麗葉。

「什麼意思？」

「你沒有愛上一個人的經驗，所以你從來沒有進入過這樣的熱戀期。我有，所以我知道事情會改變，我也希望會改變。我想進入下一階段，那是我以前沒有進入過的階段。最初的熱戀期並不是愛情裡最真實的部分，等到下一個階段，我們不再陷入甜甜的愛，而是並肩站在一起，那才是真正的愛。我們就要進入下一階段了，我很期待，但我怕到時候，等我們降落了，你會感覺失望和驚慌失措。」

「聽起來像我們被施了某種咒語，咒語很快就要消失了，我們會愛得比現在少。」

「我的意思是咒語快要消失了，我們必須愛得比現在多。」

幾個月後我開始發現，我們的愛情蘑菇開始失去迷幻功效。我開始把艾比和我分開來看，也開始覺得自己又變回正常人了。我覺得好悲慘。我還以為她就是那個終於能讓我不必做自己的人。我還以為我可以永遠一直當我們就好。她說得沒錯，我驚慌失措了。有一天晚上我寫了一首詩給她：

〈色彩〉

兩年前
你是珍珠白
我是午夜藍
我們變成了天藍
珍珠消失，午夜消失
只有天藍

如今你有時不在
去開會、找朋友、評論、上節目
你離開，我又剩下我
你帶走了珍珠
我再次感受到了午夜
這是對的，我懂

我利用午夜創作
我只是一時以為自己真的消失
我想念消失的感覺

熱戀的終結使我再次存在
當我們肩並肩，我們會美麗又堅強
但你和我（珍珠和午夜）之間
我更喜歡天藍

我現在看這首詩，心裡想的是：格倫儂，你總是那麼想找到自己，又隨時準備好放棄自己。你如此渴望被看見，又如此渴望消失。你總是迫切大喊「**我在這裡**」，又渴望悄悄離開。

艾比和我已經當正常人有幾年的時光了。我們正在下一個階段。最初的暈頭轉向逐漸消逝了，但有時我們會重新變回天藍。天藍再也不是永恆不變的狀態，而是轉瞬即逝的短暫時刻，例如做愛，例如在廚房偷偷親一個，例如孩子表現很棒互相交換一個眼神。但我們大部分是分開的顏色。這是一件美好的事，因為我們可以真正看見對方。我決定了，我要愛上一個人，不是去愛一種感覺。我希望自己能在愛裡被找到，而不是在愛裡迷失。我寧願存在，而不願消失。我會永遠是午夜，非常完美。

沙堡

我們必須活出自己的生命。
想要活出自己的人生，女人必須再問一問：我愛什麼？什麼讓我活得有生命力？

去問一個女人她是誰，她會告訴你她愛誰、她替誰工作、她的工作是什麼。我是人母、人妻，我是某人的姊妹、某人的朋友，我是一名職業婦女。我們用角色來定義自己，讓世界運轉下去。但我們也因此失了準繩並感到害怕。當女人將自己定義為人妻，如果配偶離開了呢？當女人將自己定義為人母，如果孩子上大學了呢？當女人將自己定義為職業婦女，如果公司倒閉了呢？當「我們是誰」永遠被剝奪了，我們會活在恐懼裡，找不到平靜。我們的雙手握得太緊，對應該仔細看的事物閉上了雙眼，拒絕提出應該問的問題，用各式各樣的方式堅稱朋友、伴侶、孩子的存在是為了定義我們的存在。我們蓋好沙堡，試圖住在裡面，害怕浪潮終將來襲。

回答「我愛誰」這個問題並不足夠。我們必須活出自己的生命。想要活出自己的人生，女人必須再問一問：我愛什麼？什麼讓我活得有生命力？我認為美是什麼？我何時要花時間做使我美麗動人的事？種種角色底下的我是個怎樣的靈魂？浪潮襲來前，每個女人都必須提出這些問題，現在就要問一問。沙堡很美，但我們不能住在裡面，海浪會打上來。不襲來，就不是浪了。我們要記住：我是建造者，不是沙堡。我既獨立又完整，我在這裡，望著地平線，太陽映在我的肩頭，我迎著浪潮。我建造沙堡，不斷重建。輕鬆愉快。永遠不會改變，又始終一直在變。

吉他

我們愈常做自己想做的事，就愈不會見不得別人做自己想做的事。

傍晚，我已經工作九小時，準備放鬆一下。艾比把頭探進我的工作室說：「寶貝！你猜怎樣？我要開始打冰上曲棍球了！我找到一個在週一晚上打球的聯盟。我要去買裝備，我好興奮。」

我：等等，什麼？你會打冰上曲棍球？

艾比：不會，但我小時候打過。哥哥把我放在球門，我就站在那裡擋球，好好玩。好玩。

我不太懂「好玩」的意思。艾比老是問我：「你喜歡做什麼好玩的事？」我覺得這是很有侵略性的問題。什麼是好玩？我不做好玩的事，我是大人了，我要照顧家庭、工作、看沒營養的節目，無限重複……

但當時我們才剛新婚，我還是個溫柔可人的妻子，所以我回：「親愛的，太棒了！」

艾比面露微笑，走過來吻了我的臉頰，然後走出大門。

我盯著電腦，心裡有好多疑問。

她為什麼要去找樂子？誰有那種時間和金錢去玩樂？我來告訴你是誰。在這個家，除了我以外的人，都有自己的樂子。克雷格喜歡踢足球，崔斯喜歡攝影，女兒們……什麼都喜歡。每個人都有自己的嗜好，只有我沒有。有時間做點喜歡的事，感覺一定很不錯。

「感覺很不錯」這個念頭一如以往，讓我停下來換個角度思考。

嗯，或許是真的很不錯，或許那就是他們都想做喜歡的事的原因。

也許，我，也想要有一件喜歡的事。

我坐在那裡想著自己長久以來的夢想：成為搖滾明星。我好嫉妒能當搖滾樂手的人。假如能讓我選擇一樣缺少的才華來補齊的話，我會選擇唱歌。小時候，我老是拿著梳子站在鏡子前面，搖身一變成為圓形大舞臺上的瑪丹娜。現在的我則是在我自己的車子裡變身紅粉佳人。我是紅粉佳人，我最粉紅，比紅粉佳人還要粉紅，我是深洋紅！

我意識到，我的太太、瑪丹娜和紅粉佳人按下我的門鈴，送來一件包裹。我實在是太羨慕她們了，羨慕是一個閃爍的紅色箭頭燈，為我指出下一步。於是我用手機上網搜尋「佛羅里達那不勒斯、吉他課」。順著連結，找到在離我家幾公里外的一間小樂器行，有一位教高中學生的吉他老師。我撥電話給她，約好了上第一堂課的時間。

艾比從大門走回屋內時，我充滿生命力，三步併兩步，跳著走到門廳迎接她。

我　：嗨！每週五孩子放學後，你能在家照顧她們嗎？

艾比：可以啊，有什麼事情嗎？

我　：我要開始上吉他課了。當搖滾明星是我畢生的夢想，所以我現在要往前邁進，成為一名搖滾明星。我要去學彈吉他，然後自己寫歌，在參加派對時把吉他拿出來，讓大家聚在一起唱歌。形單影隻的人們被我的音樂融在一塊兒，所以他們好快樂。大家會想：她超酷的。然後可能會有人挖掘我，我在舞臺上對著數以千計的人唱歌。我知道，你心裡在想，我應該不太會唱。但那就是重點！我不是那種用好歌聲感動人的歌手，我唱歌能激勵人心，是因為我唱得很糟！好比說，大家聽我在舞臺上唱歌，心裡不會想：真希望能唱得跟她一樣好。他們會想：嗯，如果她都能站上舞臺唱歌，我應該什麼都辦得到。

艾比：好呀，寶貝，試試看這麼做吧。你要開始上吉他課，真是太棒了，又性感。

我愛學習彈吉他。吉他很難，但它開啟了我的另一部分，讓我覺得自己更像一個人。我想，這種體驗或許就是「好玩」吧。但要享受樂趣，我必須先從「殉道山」爬下來。我要少對事情嘆息，我要向別人求助，我得放掉一些我對高道德的憧憬，或許要在「最佳苦情獎」競賽失點分數才行。我想，我們見不得別人快樂的嚴苛心態，強烈程度和我們花多大氣力不讓自己快樂直接相關。我愈常做自己想做的事，就愈不會見不得別人做自己想做的事。

我最近在IG首次登臺表演搖滾樂。我彈〈每朵玫瑰都有刺〉（*Every Rose Has Its Thorn*），觀看人數是麥迪遜花園廣場座椅數的三倍。我在告訴大家：我是深洋紅！

編辮子

將來有一天，我會向她請教怎麼替女兒編頭髮。
將來有一天，我會學會和她、和艾比一起當媽媽。

我的前夫交了女朋友。幾個月前，我們決定是時候見個面了，三人安排在一間在地餐廳一起吃早餐。我第一個到餐廳，坐在長椅上滑手機等待。看到他們到了以後，我站起身來，她對我投來一個微笑。我們擁抱了一下，她的頭髮，散發一種我不認識的花香味。

我們要了一張靠近水邊的桌子，她和克雷格坐一邊，我坐另一邊，把包包放在旁邊的空位。服務生走過來，我點了熱茶。後來，服務生送上一只白色的小茶壺。我不知道聊什麼才好，就用這只白色小茶壺當聊天話題。

我說：「你們看！太可愛了吧？我自己的茶壺耶。」

之後的那一個星期，有一個盒子寄來我家。我打開來看，裡面放著兩只白色小茶壺——是她送給我的。

女兒到爸爸家住的時候，她也在那裡陪她們。她用巧手幫我的女兒編辮子。我一直不會幫女兒編辮子。以前試過，但最後辮子凹凸不平、情狀悽慘，所以我們只綁馬尾。每次看到小女孩頭上綁著複雜的髮辮，我都會心想：她看起來擁有滿滿的愛，看樣子有個很會照顧她的媽媽。她的媽媽在青少女時期一定很清楚自己在做什麼，在高中時期交了很多朋友，會跟朋友圍坐在一起互相編辮子和咯咯笑。她是天之驕女。

克雷格和女友把孩子送回我們家的時候，我們幾個人會圍成一圈，站在門廳，用尷尬不失禮的態度聊幾句。我會說太多笑話，笑得太頻繁又太大聲。每個人都盡力展現最和善的一面。有時候，我們站在那裡，她會把我的女兒拉過去，用手環住她們、撥弄她們的頭髮。此時艾比會拉起我的手，用力捏一下。克雷格和女友離開後，我會把女兒拉回這邊。她們兩個看起來像被媽媽照顧得很好，身上散發一種我不認識的花香味。

今年感恩節，我和艾比、孩子們早早就起床，擠進車子，前往市中心參加火雞路跑活動，克雷格和女友在活動會場跟我們碰面。我們走向起跑線，克雷格和崔斯鑽到人群前方，目標放在贏得比賽；克雷格的女友、女兒和我在後方就定位，我們的目標是完賽，應該可以吧；艾比在中間找了個位子，勘查四周狀況，她的目標是確保大家達成目標。

比賽開始，我們一起跑了一段路，後來就被人群給沖散了。中途我看見克雷格的女友跑在前面。我在路上一直想著「加快腳步」，用這句話來激勵自己，沒想到突然間，我真的感受到腳步加快。我不再慢跑，而是快步跑了起來。我奮力往前，賣力到我發現自己都出汗、喘氣了。我開始加速衝刺。快要接近克雷格女友的時候，我繞到馬路最左邊，不讓她看見我超越她。再跑一段距離，我看見緹許自己一個人在那裡跑步，但我沒有放慢速度，而是把她拋得遠遠的。我的膝蓋開始發痛，但我也沒有因為膝蓋痛而慢下來。我越過終點，打敗克雷格的女友，贏了她一大截。

我還在試著調勻呼吸，我拿了一瓶水，走回終點等女兒。我看見一群一群的跑者越過終點線，接著看見艾比、緹許、艾瑪、克雷格的女友，四人一起跑過終點。艾比很早就跑完了，她又回過頭去，把她們聚在一起，確保大家能一起完賽。她們開心地咯咯笑，艾比在一邊，克雷格的女友在另一邊，艾瑪和緹許站在她們中間。似乎沒有人發現我不在，也沒有發現我跑贏了。

幾天後，我站在車道上打電話給克雷格。

我說：「她告訴緹許她愛她。你不覺得有一點太過頭嗎？她是你的女朋友，不是她們的媽媽。我們都需要有一些界限。你要幫她劃出界限來。如果她離開，傷害了我們的孩子呢？」

我其實更害怕她留下來，怕她愛我們的孩子。

今年大家一起吃聖誕晚餐。我要克雷格準備傳統的聖誕蘋果派，但他和女友帶來草莓拼盤。緹許問我蘋果派在哪裡，我聳聳肩要她別問。晚餐後我們一家人——包括狗狗在內——一起拍全家福。拍完以後，克雷格的女友說：「好的，我們現在來拍一張搞怪的吧！」幹嘛意見那麼多啊？我們才不拍搞怪照片呢。三個孩子一致同意，那張搞怪照片拍得最好。然後我們坐下來吃草莓拼盤。三個孩子都說那是我們家出現過最棒的聖誕點心。

隔天，克雷格的女友把我們的搞怪照片貼到網路上。她寫：「感謝讓我知道，世界上有這樣吸引人、善良、機智、不批評的愛。這是沒有界限的愛。」

將來有一天，我會向她請教怎麼替女兒編頭髮。

將來有一天，我會學會和她、和艾比一起當媽媽，如同編在一起的髮辮。

再婚

也許缺乏信任的愛，根本就不是愛。

有時候，當我跟艾比之間衝突愈演愈烈，我們會暫時不講話，深呼吸一下，再告訴對方：「好，我們不要把這件事看成第一段婚姻，把它當成是再婚吧。」我們的意思是：不要讓它自然演變，而是運用我們學習到的經驗。要小心、聰明地應對，將自尊心放一邊，記住我們是同一隊。既然了解更多，就要做得更好。

以前我認為自己在第一段婚姻裡，扮演心靈導師的角色。我對那段婚姻設想周全，卻被克雷格給毀了。現在我才明白，那是因為每個人都有自己設想的情節。沒有人能在別人的故事裡當配角。他們可以假裝當配角，但他們心裡總是會醞釀一條支線，在外在世界鋪陳開來。

我是個掌控欲很強的人，我想要掌控事情，因為我很害怕。事情總是讓人感覺說變就變。小時候我用控制自己吃進去的食物和我的身體來增加安全感。我到現在還是會這麼做。但隨著年齡增長，我在成為人妻和媽媽以後，又找到了一樣可以用來控制和建立安全感的東西：我親近的人。人生這麼可怕又無常，我覺得控制我愛的人是一種負責任的表現。

除了恐懼這項因素，還有一件事，讓我掌控欲很強，就是我相信自己非常聰明，又有創意。我真心相信自己有超棒的主意，只要別人願意照著做，他們就能過得很好。這種掌控方式有個名字，叫作「領導」。

我有好長一段時間控制和帶領我親近的人，將其稱之為愛。我「愛」死我親近的人了。我在我愛的人的生命扮演以下角色：我的存在是為了讓你們的希望和夢想實現，我們一起坐下，看看我為你們寫的完整清單吧，上面有各種希望和夢想。我投入非常多的心血，相信我，我把你看得很清楚，比你還要了解你自己。我要你全心去做的事，你一定做得到！我們一起開始吧！

可是我們無法替別人感受、知道和想像。我正在學習理解這一點。教我的人，就是我的太太——她是一個無法掌控的人。

我這輩子，從來沒有像愛我的太太這樣，瘋狂去愛一個成年人。在遇見她以前，我從來沒有像現在這麼害怕死亡。每一天，只要想到人終有一死，我就心慌意亂。我不是害怕死亡，我怕的是不能跟她在一起。

對我來說，死亡是終極版的錯失恐懼症——害怕錯失艾比的恐懼症。我最愛的人是艾比，當然要把她牢牢握在掌心裡。我為她打造的夢想要實現才行。我只是想把最好的統統給她。所以我有綿綿不絕的好主意要跟她分享，我告訴她該怎麼做、該穿什麼、該吃什麼、該怎麼工作、睡覺、閱讀和聽哪些東西。可是每一次當我明示、暗示，想要告訴她我的好主意，她竟然都知道我在幹嘛，會戳破我的鬼點子，明明白白拒絕我插手干預。她會用溫柔的態度告訴我。她會說：「寶貝，我知道你的用意，我愛你的付出，但謝謝你，我很好。」

我們結婚第一年，我把這當成一種新鮮刺激的挑戰。我認為，我要做的就是找出處理她的新方法。以下是在我結婚第一年發生的實際對話，我跟妹妹在討論艾比始終堅持自己作主的問題：

我　：好，我聽見你的話了。但萬一我是真的知道，我對她的想法，比她對自己的想法，還要來得好呢？就假裝認為她的主意很好嗎？該笑著讓她去嘗試，等她自己的點子不成功，再來用我的點子嗎？我要這樣浪費時間裝模作樣，裝多久？

妹妹：我的老天。好，如果你必須那樣想，那麼，格倫儂，是的，你就試試看，假裝到你能真的做到為止。

所以我就那樣做——微笑和假裝。我讓她當領袖，但那只是為了掩飾我的領導策略。我決定，我們要先試試她的方法，試一陣子，直到我們一起領悟為止。那一整年，雖然我喜歡把事情規劃好，但我們總是隨興所至做事；雖然我疑心病重，我們還是選擇相信別人；雖然我早就評估過成功機率不高，我們還是擔下很高的風險；雖然我很確定孩子會因為失敗而怨恨我們一輩子，我們還是讓孩子做不同嘗試。

那一陣子，我們過著彷彿並沒有那麼不牢靠的人生，彷彿人們比他們真實的樣子還要好，彷彿孩子比我所相信的還要堅強，彷彿事情「會自己找到出路」，既魯莽又荒謬又不負責任。事情才不會自己找到出路，是我解決問題，**是我解決的**！如果我不想辦法，事情根本就不會解決，只會一團亂。

我經常深呼吸，開始每天練瑜伽，來緩和焦慮感。我在等待，事情一出錯，就要上場救援。

我一直等。

該死的，要是「事情」永遠不成功怎麼辦？該死的，要是我沒有比以前快樂怎麼辦？該死的，要是孩子們沒有變得更勇敢、更善良、更愜意怎麼辦？該死的，要是我們的人生沒有更美麗動人怎麼辦？老實說，煩死人了。

我認真想，或許艾比真的有好點子。

我開始放掉以前那些對控制和愛的信念。現在我覺得或許控制並不是愛。我在想，也許控制其實是愛的反面，因為控制沒有為信任保留空間——也許缺乏信任的愛，根本就不是愛。我開始試著去想，愛就是相信對方也會感受、知道和想像。也許愛是要去尊重你關心的人的感受、信任他們知道狀況、相信他們的皮膚底下，汩汩流著屬於自己的隱形生活秩序。

也許我的角色不是要替我愛的人想像一個最真實美好的人生，再逼迫他們成就這樣的人生。也許我該做的就只有詢問他們的感受、知道和想像。然後，無論他們的隱形秩序和我的隱形秩序差異有多大，問一問我能夠如何支持他們的未來願景。

信任別人很可怕。或許，愛若沒有一點可怕的感覺、沒有一件事不在我們掌控中，
那就根本不是愛了。
讓別人順著天性做自己，真是一件瘋狂的事。

點子

希望你的每一個決定都是你自己的決定，不是別人強加給你的。

有天晚上，我、艾比、克雷格、妹妹和妹夫約翰圍坐在餐桌旁，在音樂聲中，度過了好幾個小時。孩子們在起居室追著小乖跑，大人們有的喝茶，有的喝酒，大家開心地笑著，笑到肚子都痛了。

我把小乖抱到腿上，然後轉向克雷格。我說：「我想告訴你一件事。」

餐桌邊眾人一片靜默。

「你還記得嗎？十八年前那天，我們倆在我家前廊並肩而坐，想要做出一個決定來——我因為害喜而想吐，你因為太震驚而反胃的那一天？

「你還記得自己怎麼打破沉默的嗎？

「你說：『我一直在想，我們能不能不要結婚？我們能不能分開住，一起把孩子養大就好？』

「你那時就知道了。

「我發現自己懷孕的前一個星期，朋友克莉絲蒂問我跟你處得如何。我說：『我們不來電，身心靈都不契合，總之行不通，還是分手比較好。』

「我那時就知道了。

「但我有了這個點子——我在心中擘劃一家人該有的樣子，覺得你應該想要這些、你應該成為某種樣子。我們任由我的想像遮蔽住我們所知道的事，我的想像變成危險的東西。

「那時候我們好年輕，心裡很害怕。我們還不曉得知道的感覺並不會消逝。它就停駐在身體裡，穩如泰山、堅若磐石，不管多久，等候飄散的雪花落下。

「是我忽略了我們的覺知，對此我很抱歉。我們並不適合彼此。我們嘗試是因為那是正確的事，因為我們認為自己應該那麼做，因為我以為應該試一試。但正確不等於真實，應該則是禁錮我們的牢籠。原始天性，無法束縛。

「我們的覺知自始至終都是對的，不曾改變。我們現在，不就是在嘗試你當初的想法嗎？我們雖然是兩個不適合在一起的人，卻組成了超棒的團隊，並肩照顧孩子。

「希望不論接下來你要做什麼，你的每一個決定都是你自己的決定，不是別人強加給你的。希望接下來你都能依照自己的點子過人生。不論好壞，希望你相信自己。克雷格，你清楚知道自己知道的事，你的點子很好。」

球場邊

我們是獨一無二的家庭，因為這裡每一個都是獨一無二的人。

我的太太和我的前夫每週三晚上，一起在同一支成人足球隊踢球。晚餐過後，我們會把椅子和點心裝進車子，開車前往球場。我和孩子們一起坐在場邊，看他們的爸爸和額外多得的一個媽媽在場上並肩作戰，努力射門得分。

幾個星期前，我和孩子們坐在場邊，有一對年長的夫妻在我們身旁坐下。夫妻中的女士指指我的女兒問：「她們是你的女兒嗎？」

我說：「對。」

「她們的爸爸在場上踢球嗎？」

「對，他在踢球，他在那。」我指向克雷格。

「你們一家住在哪裡？」

「我們現在住在那不勒斯，但我們沒有住在一起。我和他離婚了。」

「哇，你還是會來看他比賽，真棒！」

「是啊，我們很喜歡看他比賽。而且，孩子們的媽媽也在場上比賽。我們也是來替她加油的。」

那位女士一臉困惑的表情說：「喔！我以為你是她們的媽媽。」

我說：「我是啊！那是她們的另一個媽媽。」

我指向艾比。她又仔細看了看，說：「老天，她長得真像艾比．瓦姆巴赫。」

我說：「她就是艾比．瓦姆巴赫。」

她說：「哇！你前夫的再婚對象是艾比．瓦姆巴赫？」

「猜得很接近了！艾比．瓦姆巴赫是我的再婚對象。」

她花了一分鐘，靜默不語，整整一分鐘。Selah。陳舊的結構性思維正在燃燒，事物的新秩序在她的體內生成。

接著，她露出了微笑。

她說：「喔，哇！」

緹許最早學會說的一個字就是「哇」。十二月初的某天早晨，我們在維吉尼亞州，我把緹許從嬰兒床抱出來，牽著她慢慢走到育兒室的窗戶邊。我拉起窗簾，後院被一片白雪覆蓋的景色，同時映入我們的眼簾。這是緹許第一次看見雪。她睜大眼睛，伸出手觸摸冰冷的窗戶，說了聲：「哇。」

我們一家人總是讓遇到我們的人睜大眼睛，用不同的語調說出一聲「哇」，因為他們從來沒有見過像我們這樣的家庭。我們是獨一無二的家庭，因為這裡每一個都是獨一無二的人。我們沒有按照別人的藍圖去建立家庭，再想盡辦法把每個人塞進去。我們建立家庭，然後一遍又一遍發自內心、由內而外地重建。我們會永遠這樣進行下去，如此一來，我們每個人都永遠會有不斷成長的空間，同時又能保有歸屬感。對我而言家就是這樣的存在：在這裡，我們既自由又有人接著。

境界

我再也不會待在任何要求我放棄自己的地方。

八年前，我在心理師的診療間，問她有沒有什麼辦法，能化解丈夫出軌引起的憤怒感。心理師說：「你的焦慮症正在控制你，這代表你迷失在自己的腦袋裡了。你不知道自己想要什麼，你徹底脫節，你得回憶起，要怎麼回到自己的身體。」

她建議我去學瑜伽。隔天早上，我在前往瑜伽教室的路上想：我為什麼要離開身體，活在我那危險的心靈裡？攝氏三十二度的教室，坐在瑜伽墊上的我，立刻想起原因。

我一靜下來，雪花落下，我也沉入了自己的身體。我開始發癢、煩躁、焦慮，所以我要離開！當我被包裹在這層皮膚內，我覺得既羞愧又害怕。我根本不想進入自己的身體，更別說是安居於此。但此時此刻的我被困在這裡：瑜伽墊的邊緣框出我全部的世界。其他女學員都很安靜，牆上沒有字讓我閱讀，我無處可逃。我的手機在哪裡？門在那邊，我可以出去。我不需要解釋離開的原因。

老師走進教室，我沒有把她當一回事，繼續在心裡計畫逃亡，直到她說：「靜下來，開啟覺知。」這句話又出現了。我真的好想開啟覺知，知道我錯過了什麼，知道別人知道什麼，知道別人是怎麼解決困難、繼續生活。我想知道答案。

所以我留在那張該死的瑜伽墊上，直到我知道答案了。

就像我一直處在有癮頭的狀態，直到我知道答案了。

就像我留在婚姻裡，直到我知道答案了。

就像我維持宗教信仰，直到我知道答案了。

就像我停留在痛苦和羞愧裡，直到我知道答案了。

現在，我知道了。

我坐在家裡的沙發上小口喝著咖啡，左右兩邊坐著我的朋友。我的狗狗在朋友夏絲琪亞的腿上睡著了。大家都在聽艾希莉講她在熱瑜伽教室撐到撐不下去，最後嘔吐出來的故事。在她說完「我的意思是，門根本沒鎖」以後，室內一片靜默。艾希莉說出了一件重要的事。夏絲琪亞摸了摸狗狗的頭，凱倫瞇起眼睛。我在心裡想：

三十歲的我的真理：格倫儂，待在瑜伽墊上，留下來使你更棒。

四十歲的我的真理：我已經很棒了。

我不會留下來了，再也不會待在任何要求我放棄自己的地方，不論它是一間房間、一段對話、一段感情或一間機構，我都不會留下。當身體告訴我真相是什麼，我會相信它。現在的我懂得信任自己，所以我再也不會自動送上門受苦、默默地受苦，或一直受苦。至於在我身邊必須留在原地的女子，我會看著她們，因為那是她們必經的一段，因為在她們認識愛、認識上帝、認識自由是什麼之前，她們必須知道愛、上帝和自由不是什麼。因為她們想要知道，因為她們都是戰士。我會把自己的每一分力量給她們，團結一心地幫助她們走過這段時光。之後，我會收起我的瑜伽墊，放慢腳步，從容不迫、輕輕地走出去。

因為我想起來了——外頭陽光燦爛，有清涼的微風吹拂，教室的門，其實根本沒上鎖。

尾聲
人

我最喜歡的基督教文獻裡有一首詩，詩中描述一群人，他們非常渴望認識上帝，想給上帝一個定義。

他們問：祢是什麼？
上帝說：我是我所是。
他們問：祢是……什麼？
上帝說：我是我所是。

格倫儂，你是什麼？
你快樂嗎？
你傷心嗎？

你是基督徒嗎？
你是異端分子嗎？
你是有信仰的人嗎？
你心存懷疑嗎？
你年輕嗎？
你老了嗎？
你很好嗎？
你很壞嗎？
你很黑暗嗎？
你光亮嗎？
你是對的嗎？
你錯了嗎？
你有深度嗎？
你膚淺嗎？
你勇敢嗎？

你懦弱嗎？
你支離破碎嗎？
你健全嗎？
你有智慧嗎？
你愚笨嗎？
你病了嗎？
你痊癒了嗎？
你迷失了嗎？
你迷途知返嗎？
你是同性戀嗎？
你是異性戀嗎？
你瘋了嗎？
你優秀嗎？
你被關在籠子裡嗎？
你狂放不羈嗎？

你是一個人嗎？
你有生命力嗎？
你確定嗎？
我是。
我是。
我是。

謝辭

這本書（以及我）的存在要感謝以下人士。

每一天，都有他們為我的藝術（以及我）注入生命：

艾比：你若是隻小鳥，我也要做一隻小鳥。

崔斯：你是我們家的覺知。

緹許：你是我們家的感受。

艾瑪：你是我們家的想像力。

克雷格：謝謝你如此用心深愛我們的孩子，謝謝你放手讓我為這個新家庭創作，謝謝你的幽默感、寬容和堅持善良以對。

爸媽：謝謝你們，是你們的耐心和勇氣，幫我找到並保有自己和我的一生摯愛。謝謝你們在我學習相信自己的時候信任我。我發誓會把同樣一份禮物送給你們的外孫和外孫女——既自由，又有人接著。

亞曼達：你是地球上心腸最好、最勇敢、最聰明的人，有妹如此是我此生最幸運的一件事。我生命中的一切美好事物，都源自那份幸運。我現在是清醒的人、有美滿的家庭和成功的職業生涯、成為行動主義者、過得既快樂又平靜——都是因為有你在我身旁跟前跟後地付出。因為有你，我是我所是。

愛莉森：這本書和我的演講稿裡，每一個字都融入了你的文字造詣。這是屬於我們的作品。你是我忠實的好朋友，謝謝你為了我發揮才華和全心付出。你是珍貴無比的耀眼純金。

黛娜：謝謝你付出心力和心思，也謝謝你的使命必達和堅定情誼，你把不可能化為可能。

麗茲：你的慧眼、信任和努力不懈，改變了無數女性與孩童的生命。在我認識的人當中，沒有人比你將這僅有一次的人生，活得如此美麗和有影響力。謝謝你成為共同成長基金會的心跳。

共同成長基金會的志工及戰士們：凱瑟琳（Katherine）、葛洛莉雅（Gloria）、潔西卡（Jessica）、塔瑪拉（Tamara）、凱倫（Karen）、妮可（Nicol）、娜塔莉（Natalie）、梅根（Meghan）、艾琳（Erin）、克麗絲汀（Christine）、艾許麗（Ashley）、洛麗（Lori）、克麗絲坦（Kristin）、朗妲（Rhonda）、亞曼達（Amanda）、梅洛迪絲（Meredith）、葛蕾思（Grace），謝謝你們不屈不撓地付出，為心碎的人和行動的人搭起橋梁。也謝謝克莉絲汀（Kristen B）、瑪莉（Marie F）、小莉（Liz G）如此信任我們。

惠特妮・福立克（Whitney Frick）：謝謝你這十年來始終支持、提倡和為我推廣我們努力在做的事。謝謝你在點子尚未成形就相信它會成功，謝謝你孜孜矻矻幫助我們實現點子。

瑪格麗特・萊利・金恩（Margaret Riley King）：謝謝你的堅持、遠見、幽默、智慧和友情。

珍妮佛・魯道夫・沃許（Jennifer Rudolph Walsh）：謝謝你一直相信我們身體裡有看不見的秩序，把這個概念推展到全美各地。

凱蒂・西本（Katy Nishimoto）：謝謝你的愛心和忠實，謝謝你默默地發揮自己的才華，成就好多真實而又美好的事物。

謝謝基斯舅舅。

戴爾出版社（Dial Press）及藍燈書屋（Random House）的大家：謝謝你們將全副才華與熱情投注於本書，特別感謝吉娜・森特羅（Gina Centrello）、亞薇德・巴許拉德（Avideh Bashirrad）、戴比・阿洛夫（Debbie Aroff）、蜜雪兒・賈思曼（Michelle Jasmine）、莎朗・波普森（Sharon Propson）、蘿絲・福克斯（Rose Fox）、羅伯特・希克（Robert Siek）、克里斯多福・布蘭德（Christopher Brand），以及已故出版界傳奇人物蘇珊・卡米爾（Susan Kamil）。也要感謝史考特・薛拉特（Scott Sherratt）製作出超讚的有聲書。與各位共事是我的驕傲。

小莉：你是這本書的守護神，也是貨真價實的獵豹。你相信神奇的力量和自由，你相信女性，相信我。

凱倫、潔西卡、艾希莉：即使我不常出門、常常不回簡訊，你們依然視我為朋友。

凱特和愛瑪：我從你們身上認識到了，什麼是開始就不被馴服。

祝福所有不被馴服的女性：

願我們都能更了解她們。

願我們支持她們。
願我們愛著她們。
願我們讀懂她們的文字。
願我們選擇了她們。
願我們成為她們。

作者介紹

格倫儂．道爾是作家、演講家和思想領袖，她是紐約時報暢銷書《媽媽的逆襲：殘酷而又燦爛的苦情主婦奮鬥記》、歐普拉讀書會選書《為愛而戰：在婚姻中完美自己的心路指南》的作者，也是全民領導的非營利組織共同成長基金會（Together Rising）的創始人兼基金會主席，該組織為處於危機中的婦女、家庭和兒童募集超過兩千萬美元。

格倫儂也是歐普拉電視網百大超級靈魂（OWN Network's SuperSoul 100）的元老級成員，這一百名成員都是「用自己的聲音和才華，引領人類提升的覺醒者」。無數的讀者都被她的故事深深感動，並從她的故事中，找出了對生命透徹的體悟。連歐普拉、艾瑪．華森都是她的頭號粉絲。

個人網頁：GlennonDoyle.com

IG：@glennondoyle
推特：@glennondoyle
臉書：Facebook.com/glennondoyle

共同成長基金會（Together Rising）

二〇一二年由格倫儂．道爾創立，旨在「將心碎轉化為有效的行動」。無論是全額提供貧困單身母親接受完善的乳癌治療，還是協助美國邊境的難民家庭團聚，共同成長基金會都會盡一切所能連結各界的義工、慈善人士，有效去解決每個受苦難的靈魂所遇到的迫切現實問題。

共同成長基金會是一間完全由女性作主的非營利機構，旨在匯聚基層力量完成具革命性的慈善任務。雖然基金會最常收到單筆僅二十五美元的捐款金額，卻為處於危機中的婦女、家庭和兒童，總共募集超過兩千萬美元，證明再微小的心意，也能夠匯聚起來，為世界帶來革命性的改變。

共同成長基金會所獲得的每筆捐贈，將100%直接用在身處危機的家庭與對象身上，這都要歸功於某幾位基金會元老成員，願意全額承擔所有基金會的管理費用。您可以考慮以每月五美元、十美元或二十五美元的額度，加入共同成長基金會的 Team Love 方案。您的點滴心意，都能協助共同成長基金會在危難時刻迅速採取行動，部署必要的金援。

官方網站：www.togetherrising.org

IG：@Together.Rising

推特：@TogetherRising

臉書：Facebook.com/TogetherRising

國家圖書館出版品預行編目資料

我，不馴服 / 格倫儂·道爾（Glennon Doyle）著
; 趙盛慈譯 . -- 臺北市：三采文化股份有限公司,
2022.07　面；　公分 . -- (Mindmap；240)
譯自：Untamed

ISBN 978-957-658-850-1（平裝）
1.CST: 道爾 (Doyle, Glennon, 1976-)
2.CST: 女性 3.CST: 同性戀 4.CST: 自傳
5.CST: 美國

785.28　　111007890

suncolor 三采文化集團

Mind Map 240

我，不馴服

作者｜格倫儂．道爾（Glennon Doyle）　譯者｜趙盛慈
主編｜喬郁珊　協力編輯｜巫芷紜　美術主編｜藍秀婷　封面設計｜李蕙雲　內頁編排｜洪尚鈴
行銷協理｜張育珊　行銷企劃｜呂秝萱　版權副理｜杜曉涵

發行人｜張輝明　總編輯長｜曾雅青　發行所｜三采文化股份有限公司
地址｜台北市內湖區瑞光路 513 巷 33 號 8 樓
傳訊｜TEL:8797-1234　FAX:8797-1688　網址｜www.suncolor.com.tw
郵政劃撥｜帳號：14319060　戶名：三采文化股份有限公司
本版發行｜2022 年 7 月 29 日　定價｜NT$450